장사 잘하는 집

장사 잘하는 집

일본 최고의 미스터리 쇼퍼가 말하는 고객을 끌고 매출을 높이는 비결

저자 혼다 마사카츠
역자 김수은
감수자 민유식

초판 1쇄 발행 2014년 4월 20일
초판 2쇄 발행 2014년 9월 1일

발행처 타임비즈
발행처 이길호
편집인 이은정

마케팅 이태훈, 이수진 | **재무** 장무창, 강상원

타임비즈는 (주)타임컨텐츠의 단행본 출판 브랜드입니다.
출판신고 등록번호 제322-2009-000050호 | **등록일자** 2009년 3월 4일
주소 서울시 마포구 합정동 412-12 3층
주문전화 02-3144-1929 | **팩시밀리** 02-3144-1930
이메일 editoramylee@gmail.com
카페 http://cafe.naver.com/timebookscafe
트위터 http://twitter.com/timebookskr

ⓒ 2014 혼다 마사카츠
ISBN 978-89-286-2529-1 03320

새로운 출판환경에서는 양질의 기획과 원고만으로도 시장을 창출할 수 있습니다.
'**타임비즈**'는 아이디어와 실력으로 무장한
필자와 기획자를 언제나 환영합니다.
2gotime@gmail.com

장사 잘하는 집

일본 최고의
미스터리 쇼퍼가
말하는
고객을 끌고
매출을 높이는
비결

혼다 마사카츠(本多正克) 지음 · 김수은 옮김 · 민유식 감수

타임비즈
T I M E B I Z

/
불황에도 살아남는
비결은 따로 있다!
/

바야흐로 '단군 이래 최대의 불황'이라고들 합니다. 하기야 언제 경기가 좋다고 말하던 시절이 있었나 싶지만, 날로 가열되는 경쟁과 나날이 확대되는 세계적 유통/판매 기업들의 기세에 밀려 소상공인들은 점점 더 설 자리를 잃어가고 있는 게 사실입니다.

그러나 돌이켜보면 우리 서비스 업종 종사자들의 노력과 열정이 글로벌한 초일류기업들에 비해 너무도 낙후하고 아전인수 격이었던 것은 아닌지 돌아보게 됩니다.

책 한 권 읽지 않고 창업을 하는 경우도 많으며, 무엇이 좋은 서비스이고 무엇이 나쁜 서비스인지에 대한 자기반성이 없이 하루하루 매상이 올라가기만을 기대해온 것은 아니었는지 말입니다. 위기는 기회라고 했듯, 치열해져가는 경쟁 상황 하에서는 오히려 우리가 기울이는 작은 노력이 큰 차이를 만들어낼 수 있을 것입니다. 그걸 포착해 재빨리 변신하는 곳은 더 잘되고, 그렇지 않은 곳은 고전을 면키 힘들 것입니다.

이 책은 제가 대표 컨설턴트로 있는 에프알엠에스www.frms.kr를 창업하기 전, 일본의 미스터리 쇼핑 사례를 연구하기 위해 방문했다가 알게 된 인연으로 저자 혼다 씨를 통해 직접 한국어판으로 소개하게 된 것입니다.

이어지는 '저자의 글'을 통해서 직접 밝혔듯이, 젊은 나이부터 전 세계를 누비며 세계 최고 수준의 서비스 현장을 체험하고 연구해온 혼다 씨의 열정과 노하우가 이 책 한 권에 오롯이 녹아 있다 해도 과언이 아닙니다.

미국과 유럽에서는 이미 매장 진단 및 서비스 개선의 당연한 프로세스로서 미스터리 쇼핑이 자리 잡고 있지만, 상대적으로 낙후되었던 일본의 경우 혼다 씨를 통해 처음 이를 접하게 되면서 큰 반향을 일으키기도 했습니다.

저 역시 미스터리 쇼핑의 불모지나 다름없던 한국에서 전문가 양성 과정, 외식업체 대표를 대상으로 한 교육 등을 통해 고객 경험 관리와 마케팅, 서비스 경쟁력 향상을 도모하고 있습니다.

현장을 뛰면 뛸수록 그럴듯해 보이는 이론 서적이나 딱딱하고 형식적으로 쓰인 매뉴얼 같은 서적보다, 이런 쉽고 명쾌하며 바로 현실에 도입할 수 있는 솔루션이 얼마나 절실한지 모릅니다. '한국어판 출간'에 대해서는 계획조차 없었던 저자를 1년 여 이상 설득해, 이 책을 한국에 소개하게 된 데는 그런 이유가 컸습니다.

이 책은 매우 설득력 있으면서도 직원들이 겪는 고충과 고객이 갖는 체감을 매우 적절하게 짚어내 실천 방법을 제시하고 있기 때문에, 직원 교육이나 연수에 대한 부담에 시달리는 소상공인이나 프랜차이즈 매장 운영자, 소매 매장 관리자라면 이 책 한 권을 건네는 것만으로도 수많은 부담을 떨어낼 수 있을 만큼 유용하다고 자부합니다.

모쪼록 700여 만 소상공인과 예비 창업자들이 성공적으로 매장을 운영하고 창업을 준비할 수 있도록, 이 책이 소중한 자양분이 되어주기를 바랍니다.

– 한국어판 감수자 민유식(경희대학교 겸임교수)

/

파는 사람은 절대 모르는
'사는 사람의 진짜 속마음'

/

이 책의 저자 혼다입니다. 사실 저는 이른바 '고객 서비스' 전문가는 아닙니다. 유명한 호텔에서 오랜 기간 근무해 본 적도 없고, 일류 레스토랑에서 접객 서비스를 익히지도 않았습니다. 또한 '서비스 이론'에 대해 많이 배운 박식한 컨설턴트도 아닙니다.

따라서 수준 높은 서비스를 만들어내기 위한 거창한 이론을 제공할 수는 없습니다. 사실 이 책에는 일류 서비스에 대한 내용은 들어 있지도 않거니와, 이 책을 읽는다고 해서 일류 매장에 견줄 만한 서비스를 제공할 수 있게 되는 것도 아닙니다.

하지만 저는 다행히도 '일본 최고의 미스터리 쇼퍼Mistery Shopper'라는 과분한 호칭을 얻었습니다. '미스터리 쇼핑'이란 고객으로 가장해서 매장에서 제공되는 서비스를 다면적이고 종합적으로 평가하는 조사 작업을 말합니다. 소정의 교육을 받은 조사원이 마치 일반 고객인 것처럼 매장을 방문합니다.

이들은 가상이라고는 하나, 실제로 다양한 영역에 대해 광범위하면서도 비판적인 시야와 취향을 가진 고객이기도 하지요. 방문하기 전에는 어떤 점을 중점적으로 살펴볼 것인지 간략한 가이드를 교육 받고, 맞춤형 체크리스트를 가지고 실제 매장에서 제품이나 서비스를 구매하면서 다면적인 평가를 내리게 됩니다.

적게는 수십 명, 많게는 수백 명의 조사원들이 시차를 두고 투입되어 매장의 청결도, 접객 태도, 상품이나 서비스의 질, 분위기 등을 종합적으로 평가한 다음 최종 결과를 매장에 피드백 합니다.

지난 수십 년 동안 일류호텔과 레스토랑은 물론 많은 이들이 자주 이용하는 음식점, 소매점, 서비스 매장, 콜센터 등 다양한 업계의 크고 작은 업체들이 이 미스터리 쇼핑 컨설팅을 의뢰해왔습니다. 그러다보니 제가 조사해 보지 않은 업종이 없다고 해도 과언이 아닐 정도입니다. 서양뿐 아니라 일본에서도 미스터리 쇼핑은 매우 보편화되어서, 이제는 거의 없어서는 안 될 정도로 필수적으로 행해지고 있습니다. 매스컴에도 수차례 소개되어, 이제는 '복면조사覆面調査' 혹은 '미스터리 쇼핑'이라는 단어가 생소하지 않을 정도입니다.

저는 일본 최초로 전문 조사원을 조직화해 미스터리 쇼핑 컨설팅을 해 왔고, 현재 일반 모니터링, 준semi 전문 조사원, 전문 조사원 등 3단계 레벨의 수만 명의 조사원과 함께 전국 각지의 매장 컨설팅을 수행하고 있습니다. 일본만이 아니라 세계 각국의 매장을 직접 방문하며, 수많은 사례와 대안을 발굴하고 연구해 보았습니다. 미국과 유럽 등지의 13개국에서 컨설팅 수행 경험이 있으니, 말 그대로 발로 뛰며 안 가본 데 없이 온갖 현장을 누빈 사람이라 할 만합니다.

한마디로 저는 '고객의 눈'으로 서비스의 좋고 나쁨을 가려내는 감별사라고 할 수 있습니다. 또한 거창하고 대단한 해결책이 아니라 작고 소박하지만 고객의 체감을 확 달라지게 할 수 있는 '현실적인 해결책'을 제시하는 데도 능하다고 자부합니다.

'악마는 디테일에 있다The devil is in the details.'고 합니다. 고객의 입장에서 좋은 서비스와 나쁜 서비스는 아주 작은 것에서 갈립니다. 또한 그만큼 개선하기도 그리 어렵지 않습니다. 문제는 파는 사람이나 매장의 입장에서는 '고객의 눈'으로 그것을 찾아내기 어렵다는 것입니다. 그러니 제가 대신 그런 디테일을 찾아내 개선 방안을 알려드리겠습니다. 일부 매장에서만 실천할 수 있는 '특별한 서비스'가 아니라 규모와 업종에 무관하게 그 어떤 매장이라도 지금 당장 시작할 수 있는 것들입니다.

이 책의 주제는 다시 말해 '작은 변화로 더 특별한 서비스를 제공하는 법'입니다. 그 결과 고객의 호응을 얻어내어 다시 찾게 하고 매출과 성과도 높아지는 법입니다. 어렵지도 않지만 '이런 것쯤 평소에 얼마든지 알고 있던 것이었어.' 하는 생각도 들지 않을 것입니다. 그야말로 디테일이지만 고객의 눈이 되지 않고서는 절대 알 수 없는 것들이기 때문입니다. 독자 여러분은 휙휙 책장을 넘기며 어느 새 볼펜과 수첩을 꺼내들고 요점을 적어 내려가는 스스로를 발견하게 될 것입니다.

앞으로의 시대는 아주 작은 서비스의 질로도 커다란 차별점이 만들어지게 됩니다. 무한경쟁 시대인 만큼, 한 뼘만큼의 작은 차이가 매우 커다란 결과를 만들어냅니다. 당신의 매장만의 특별한 색깔을 찾아내는 데 이 책이 작은 도움이 되길 바랍니다.

― 지은이 혼다 마사카츠

Content

Chapter 1
고객의 발길을 멀어지게 하는 사소한 디테일

Chapter 4
당신이 바뀌면 매장의 서비스도 바뀐다

Chapter 5
불만, 트러블, 클레임은 또 다른 기회, 역전을 창조해내자!

Chapter 6

잘 되는 직원, 잘 되는 팀워크가 매장을 살린다

Chapter 1

고객의 발길을
멀어지게 하는
사소한 디테일

1
매장 안에 들어온 고객을 알아차리지 못하다니!

시속 수백 킬로미터로 달리는 초고속 열차가 플랫폼을 통과하는 순간을 떠올려보기 바랍니다. 굉장한 스피드 때문에 차 안을 들여다보는 것은 엄두조차 낼 수 없습니다. 열차의 움직임이 너무도 빨라서 시선을 고정시킬 수가 없기 때문이지요.

바쁘게 일하는 사람의 시야도 이렇습니다. 자기가 해야 할 일, 밀린 주문이나 서둘러야 할 업무에만 시선이 갑니다. 일이 바쁠수록 사람의 시야는 좁아지게 마련입니다. 이때에는 마음도 초조하고 여유가 없어져서, 더더욱 상황을 두루 돌볼 여력이 없이 자기 일에만 몰두하게 됩니다.

한 이탈리안 레스토랑을 방문했을 때의 일입니다.

손님이 한참 몰리는 시간대. 줄을 서서 기다리는 손님까지 많아서 직원들 모두가 분주해 보이고 여유라고는 느껴지질 않았습니다. 손을 들어 직원을 부르는 손님이 있어도, 직원들은 모두 자기 일로 바빠서 그 모습이 보이지 않는 모양입니다.

새로운 손님이 들어왔는데도 누구도 그걸 알아채지 못하는 일조차 생겼습니다. 손님은 얼마간 직원 누구라도 붙잡고 말을 걸려 애썼지만, 결국 아무도 응대해주지 않자 그냥 돌아가 버렸습니다. 이곳에서는 그런 일이 비일비재했습니다.

레스토랑 서비스 개선을 의뢰 받고, 저는 매장 내의 움직임을 유심히 관찰해 보았습니다. 그 결과, 한 가지 중요한 점을 발견할 수 있었습니다. 매장 전반을 둘러보는 사람이 단 한 명도 없다는 사실이었습니다. 모두가 분주히 움직이고 있었지만, 저마다 자기에게 주어진 일 외에는 신경 쓰지 않았습니다. 그러다보니 모두 바쁘고 열심히 일했지만, 매장은 제대로 된 기능을 하지 못하고 있었던 것입니다.

직원들에게 저는 단 하나의 과제를 주었습니다. '바쁠 때일수록 전체를 한 번 둘러볼 것!' 이 원칙만 지켜진다면, 지금 식당에서 무슨 일이 벌어지고 있는지가 보이기 때문입니다. 구체적인 방법도 제시했습니다. 구체적인 행동 지침이 없는 과제는 아무 소용이 없습니다. 실천으로 이어지지 않기 때문입니다. 예를 들어 점주가 아무리 직원에게 "시시때때로 식당 전체를 둘러보면서 뭔가 빠진 건 없는지 신경 쓰세요." 하고 지시한다고 해도, 눈코 뜰 새 없이 바빠지게 되면 그 원칙을 잊게 마련입니다.

저는 직원들에게 저마다의 포스트를 정해주었습니다. 그리고 정해진 시간이 되면 그곳으로 돌아가도록 했습니다. A직원은 매 시간 15분이 될 때마다 1번 테이블 옆으로, B직원은 매 시간 30분이 될 때마다 입구 근처로 간다는 식의 규칙을 만들었습니다. 그리고 반드시 그곳에 10초간 머무르도록 했습니다.

물론 손님이 부르면 그에 응하는 것이 우선이지만, 그렇지 않은 경우에는 반드시 해당 시간에 정해진 위치에 있도록 한 것입니다. 그렇게 했더니, 바쁜 시간대에조차 반드시 어느 한 곳에 서 있게 되는 '시간적 여유'가 생겨나게 되었습니다. 직원은 포스트에 서 있는 10초 동안 반드시 자기가 맡은 구역이 아닌 곳까지 두루 둘러보게 마련입니다. 어느 테이블에 어떤 손님이 앉아 있고 테이블이 어떤 상황인지 파악한 다음, 현재 자신을 가장 필요로 하는 손님에게 다가가도록 했습니다. 이 아주 단순한 규칙 하나로 직원 전원이 매장 전체를 둘러볼 수 있게 되었고, 자기가 맡은 구역 내에서만 움직이는 경향이 점차 줄어들었습니다.

바쁠 때일수록 전체를 둘러볼 줄 아는 여유를 갖게 되면, 그것만으로도 고객이 느끼는 체감은 매우 달라집니다. 내가 필요할 때 바로 알아차리고 다가오는 직원을 고객은 진심으로 신뢰하게 마련입니다. 메뉴를 들여다보고 주문을 하려고 근처에 직원이 있는지 찾으려 두리번거리는 그때 곧바로 고객의 의도를 알아차리고 직원이 재빨리 다가온다면, 고객은 '만족스러운 서비스'를 받았다고 느낄 것입니다.

앞으로도 누누이 설명하겠지만, 장사 잘하는 집의 구성원들은 '역지사지'에 능한 사람들입니다. 당신 스스로가 고객이라 가정하고 매장에 들어선 순간을 떠올려보세요. 뭐가 기분 좋고 뭐가 기분 나쁜지 바로 느낄 수 있을 것입니다.

직원들 모두가 자기 일에 바빠서 누구도 내가 들어온 것조차 알아차리지 못한다면 그 기분이 어떨까요? '흥, 장사 잘 된다고 나 정도는 찬밥이란 말이지?' 하고 비뚤어진 마음이 드는 게 당연합니다.

반면, 들어서는 순간 "어서 오십시오. 바로 안내해드리겠습니다." 하고 반겨준다면 전혀 다른 느낌이 들 것입니다. 접객을 하는 인원이 많고 적음의 문제가 아닙니다. 직원이 아무리 많아도 저마다의 일에만 근시안적으로 매몰되어 있으면, 빠르게 달리는 고속 열차 안을 들여다볼 때의 시야처럼 정작 보아야 할 모습을 보지 못하게 됩니다.

장사 잘하는 곳과 못하는 곳은 사실상 서비스 수준의 큰 차이가 있는 게 아닙니다. 전체를 둘러볼 줄 알고 재빨리 움직이는 사람이 있느냐 없느냐의 차이입니다.

바쁠수록 전체를 둘러보는 습관을 가져야 합니다.

손을 들어 직원이 와주기를 기다리는 손님은 없는지, 무언가 부족해하는 손님은 없는지, 컵이 비어 있지는 않은지 등등 바쁠 때일수록 냉철하게 전체를 둘러보는 여유를 갖는다면 지금과는 다른 광경이 보이기 시작할 것입니다.

전체를 둘러보면 곤란해 하는 고객이나 도움을 필요로 하는 고객이 비로소 눈에 들어옵니다. 이런 고객에게 신속히 응대한다면 반드시 고객 만족도로, 더 나아가 매출 향상으로 이어지게 됩니다.

장사 잘하는
비결 1

바쁠 때일수록 전체를 둘러볼 줄 아는
여유를 가질 것!

2
이렇게 안내하니까
고객이 헤맬 수밖에……

한 매장에 미스터리 쇼핑 점검을 나갔을 때의 일입니다. 직원에게 다가가 물었습니다.

"저, 여기 화장실이 어디인가요?"

직원은 제자리에 선 채 나를 쳐다보았습니다. 그러고는 친절한 말투로 반대편을 가리키며 말했습니다.

"아, 네. 저쪽에 있습니다."

직원이 가리킨 '저쪽'은 매장 밖이었습니다. 저는 속으로 생각했습니다. '아, 밖으로 나가서 복도에 화장실이 있나보다.'

밖으로 나왔지요. 그랬더니 아니나 다를까 화장실 표시가 눈에 들어왔습니다. 그러나 그게 다가 아니었습니다. 저는 화장실 표시를 따라 미로 같은 복도를 반 바퀴나 돌아서야 반대편 구석에 있는 화장실을 찾을 수 있었습니다. 직원이 말한 '저쪽'은 말처럼 가까운 곳이 아니었습니다.

할 일이 많아서 시간이 부족해서일까요? 설명하는 게 귀찮았을까요? 아니면 글자를 읽을 줄 아는 성인이라면 당연히 알아서 찾을 거라고 생각한 것일까요? 직원은 매우 간단하게도 '저쪽'이라는 단 한 마디로 안내를 마쳤습니다. 누가 들어도 정중한 안내라고 할 수 없었습니다. '조금만 더 신경 써서 가르쳐주었다면 좋았을 텐데…' 하는 아쉬움이 남은 것은 당연할 일이었습니다.

하지만 더 심한 경우도 있었습니다. 직원은 "저쪽으로 가시면 됩니다." 하고 대답했습니다. 직원이 손으로 정확히 방향을 가리키지 않았기에 헷갈려서 다시 물었습니다. "여기 이쪽 말입니까?" 그러자 직원은 다시 저를 쳐다보지도, 손으로 가리키지도 않으면서 어깨와 고갯짓으로 방향을 알려주었습니다. "아니요. 저쪽이요." 이런 식으로 알려주어서야 고객은 더더욱 방향을 알 수 없습니다.

이는 테이블 위치나 화장실 같은 특정 위치를 안내하는 경우뿐 아니라, 상품의 위치를 안내할 때도 빈번하게 일어나는 일입니다. 가방 매장에서 미스터리 쇼핑을 했을 때의 일입니다. 우리는 '특정 상품을 찾는 상황'을 설정해 접근해 보았습니다. 판매 직원에게 상품 이름을 말하면서 어디 있는지 물었습니다.

직원은 친절하게 대답해주었습니다. "아! ○○백 말씀이시군요. 저쪽에 있습니다."

직원이 알려준 방향에는 모두 다섯 종류의 가방이 전시되어 있었습니다. 하지만 저는 '○○백'이 어떤 모양인지 한 번도 본 적이 없었기 때문에, 직원이 어느 제품을 가리키는지 알 수 없었습니다.

이 경우 직원은 고객이 찾는 제품이 있는 곳까지 고객과 함께 이동해야 합니다. 그 다음 고객이 자신이 원하는 상품을 살펴보거나 집어 드는지 확실히 지켜보아야 합니다. 그렇지 않고 헷갈려 한다면 정확히 어느 것이 그 상품인지 알려주어야 하겠지요.

화장실 안내의 경우도 마찬가지입니다. 화장실 앞까지 동행하는 것은 무리라 하더라도, 최소한 매장 출구까지는 함께 걸어가서, 화장실까지 가는 길을 손으로 가리키며 설명해주었다면 완벽한 서비스였을 것입니다. '저쪽'이라는 표현은 굉장히 애매하기 때문에, 듣는 사람에게 불친절한 인상을 심어주기 쉽습니다. 따라서 최대한 손님과 함께 이동하면서 목적지 가까운 곳까지 안내하는 서비스를 실천하도록 노력해야 합니다.

간혹 매장에 들어와서 인근 다른 매장의 위치를 묻는 고객이 있습니다. 이때 싫은 표정을 지으며 퉁명스럽게 대답하는 사람이 있습니다. 이렇게 생각하는 것이지요. '내가 안내원도 아니고 왜 굳이 다른 가게 위치까지 알려줘야 해?' 그곳이 경쟁 매장이라면 더욱 싫은 마음이 들지도 모릅니다. 그 기분은 충분히 이해할 수 있습니다. 하지만 우리는 단순히 물건만을 파는 게 아닙니다. 우리는 '사람들에게 우리의 진심을 전달하는 일'을 하는 것입니다. 좋은 제품, 좋은 서비스로 사람들을 만족시켜주고 싶다는 열망이 우리가 장사를 하는 진짜 목적입니다. 그런데 그 대상이 지금 어딘가 목적지를 찾지 못해 곤란한 상황에 빠졌습니다. 가능한 한 정중히 설명해주면 좋지 않을까요?

지금 당장 우리 물건을 구입하지 않더라도 잠재고객에게 좋은 인상이라는 덤을 남길 수 있습니다. 실제로 이런 서비스에 감동을 받은 고객이 나중에 방문하는 사례도 많이 있습니다. 백화점처럼 같은 층에 위치한 다른 매장이라면, 그 매장 앞까지 직접 안내하는 서비스를 통해 고객 만족도를 더욱 높일 수 있습니다. 같은 백화점에 와서 만족감을 맛본 고객은 다시금 찾아줄 것이고, 고객이 방문하는 빈도가 높아질수록 우리 매장 제품이 팔릴 가능성도 높아집니다.

이런 서비스가 '당연한 것'이 되면 다른 것이 아니라 매장의 '가치'가 올라갑니다. 마음이 내키면 하고 내키지 않으면 안 한다면, 고객에게 강한 인상을 남기기 어렵습니다. 장사가 안 될 때는 하다가 잘 되면 나 몰라라 해도 안 됩니다. 어떤 경우라도 늘 실천하는 모습을 보여주면 자연스레 평판이 좋아집니다. "거기? 응, 거기는 정말 친절해." 바로 이러한 고객의 평가가 축적되어 평판이 만들어집니다.

방향을 가리킬 때에는 항상 고객이 눈으로 확인할 수 있도록 해주어야 합니다. 목적지가 바로 눈앞에 있다면 손으로 방향을 가리키는 것으로 충분합니다. 꽤 멀리 떨어져 있다면 종이에 간단히 약도를 그리거나, 건물 안내도를 보여주며 설명합니다. 그게 여의치 않으면 '저쪽'까지 동행합니다. 그렇게 한다면 고객은 분명 큰 감동을 받게 될 것입니다.

매장 개선방안을 두고 직원들과 대화를 나눌 때, 많이 받는 질문이 있습니다. "뭔가 다른 중요한 일을 하고 있는 도중이라면 어떻게 해야 하나요?"

해야 할 더 중요한 일이 있는데, 열 일 제쳐두고 무조건 친절하게 행동하는 일에만 몰두할 수는 없는 노릇입니다. 때로 고객을 안내할 수 없는 상황도 생기겠지요. 판단의 기준은 친절한 안내 때문에 '다른 고객에게 영향을 주느냐.' 여부입니다.

만일 식당에서 음식을 내가고 있는데 다른 손님이 말을 걸어온다면 음식을 나르는 일이 우선입니다. 길을 알려주는 일은 다른 직원을 불러 대응하도록 하면 됩니다. 마땅한 직원이 없다면, 고객에게 조금 기다려달라고 양해를 구합니다. 반대로 잠시 하던 일을 멈춰도 다른 고객에게 피해가 가지 않는 경우라면, 지금 눈앞에 있는 고객의 요구에 우선적으로 대응해야 합니다. 다른 고객에게 영향을 주지 않는다는 것은 그 일에 긴급성이 없다는 의미이므로 당장 앞에 있는 고객의 요구에 신속하게 대응하는 게 가장 중요합니다. 안내하는 방법을 아주 약간 바꾸는 것만으로도 고객의 뇌리에는 '친절한 매장', '감동적인 서비스'로 각인되게 됩니다.

장사 잘하는 비결 2
고객을 안내할 때는 가급적 직접 움직일 것!

3
당신이 권하는 '이 상품'이란 대체 어느 것?

제공하는 서비스는 비슷한데 왠지 모르게 끌리게 하는, 다시 말해 설득력이 뛰어난 사람이 있습니다. 호감 가는 외모나 인상도 한몫을 할지 모릅니다. 말주변 역시 중요한 기준이 될 것입니다. 하지만 곰곰이 이유를 들여다보면, 의외로 상대가 하는 '말'보다 '제스처'가 남다르다는 것을 발견할 때가 많습니다. 왠지 그 사람을 대할 때면 유독 차분해지고 안심하게 되는 경우, 상대 직원은 대화 속에 적절하게 제스처를 활용하고 있다는 것을 알 수 있습니다.

실제로 우리가 커뮤니케이션 하는 모든 수단 가운데, 가장 빈도와 영향력이 높은 것은 바디 랭귀지body language라고 합니다. 커뮤니케이션의 대가인 앨버트 메러비언Albert Mehrabian의 연구에 의하면 커뮤니케이션에서 바디 랭귀지가 차지하는 비중은 55퍼센트나 됩니다. 그에 비해 목소리는 38퍼센트, 말 자체는 7퍼센트에 불과하다고 합니다.

한 쇼핑센터에서 있었던 일입니다. 매장에서 한참 떨어져 있는 계산대를 찾지 못해 헤매던 손님을 한 직원이 안내하고 있었습니다. 그 직원을 유심히 관찰해 보자, 고객에게 말을 건네는 것과 동시에 적절한 상황에 '손'을 활발히 사용하는 것을 알 수 있었습니다. 예를 들면 "저쪽입니다." 라고 말할 때에는 손으로 그 쪽 방향을 가리킵니다. 또한 고객을 안내하며 걸을 때에는 "여기 계단이 있으니까 조심하세요."라고 말하며 이번에는 발밑을 손으로 가리킵니다. 계산대 앞에 도착하자, 다시 "여기, 이쪽입니다."라고 말하며 고객을 앞으로 보내는 동작을 취합니다.

이렇게 상황에 따라 적절하게 손을 이용하고 있었습니다. 직원이 앞서 이동하다보면 그가 하는 말이 고객에게 들리지 않을 수도 있습니다. 이 직원은 고객이 느낄지 모를 불편함을 미리 파악해 바디 랭귀지를 적절히 사용하는 것이 이미 몸에 배어 있었습니다. 고객이 편안함을 느낌과 동시에, 대접 받고 있다는 기분을 갖는 것은 당연한 결과입니다.

반면 말로 모든 걸 끝내는 직원도 있었습니다. 매장 곳곳에서 "이 상품은……" 하고 부지런히 설명하고 있지만, 손을 적절히 사용하지 않아서 지금 어느 상품에 대해 말하고 있는지 정확히 전달되지 않습니다. 설명 자체는 매우 친절하고 정중합니다. 정중함을 표현하기 위해 두 손을 앞으로 모은 채 설명하는 모양새입니다. 하지만 이런 방법으로는 고객을 '그 상품'에 집중하게 만들 수 없습니다. 손을 적절히 사용해서 고객의 '시선'을 그 상품에 붙잡아두어야 효과가 납니다. 말로만 설명하는 것과 말과 손짓을 적절히 섞어가며 설명하는 것은 전혀 다른 효과를 냅니다.

홈쇼핑 방송에서 쇼핑 호스트가 제품 설명을 하는 모습을 보면 이를 잘 이해할 수 있습니다. 쇼핑 호스트는 끊임없이 손을 적절히 사용합니다. 제품을 가리키고 들고 손을 이용해 사용하면서 제품의 특징을 부각시키는 등, 상품을 효과적으로 어필하게 위해 바디 랭귀지를 백분 활용합니다. 정말 잘 파는 쇼핑 호스트를 잘 관찰해 보면 손을 더욱 능숙하게 활용하고 있다는 것을 알 수 있습니다.

이 대목에서 유의할 것이 하나 있습니다. 어떤 말을 할 때나 손짓을 섞어 요란을 떨어가며 제스처를 남발하라는 뜻이 아니라는 것입니다. 무조건 제스처를 사용하는 것이 능사가 아닙니다. 가장 중요한 점은 '키포인트' 부분에서 '손'을 사용하는 것입니다. 키포인트 부분이란, '특정 상품을 지칭할 때', '주의사항을 설명할 때', '고객에게 어떤 행동을 제안할 때' 등입니다.

'손을 이용한 안내'로 고객에게 좋은 인상을 안겨준 사례를 하나 소개하겠습니다. 한 대형 파친코에서 있었던 일입니다. 일본의 독특한 문화인 파친코 매장의 사례이지만, 소음이 심해 고객과의 커뮤니케이션에서 불편함을 느낄 수 있는 업종이라면 충분히 활용 가능한 방법입니다.

파친코에 가본 분은 알겠지만, 매장 안은 기계음으로 매우 시끄럽습니다. 사람의 말소리가 잘 들리지 않습니다. 고객이 직원에게 뭔가를 물으면 직원은 큰소리로 대답합니다. 직원의 소리를 잘 알아듣지 못한 고객은 다시금 "네? 뭐라고요?" 하고 여러 번 되묻게 마련입니다. 이런 일이 비일비재했지만, 사람들은 '파친코니까 시끄러워서 그렇지.' 하고 당연하게 넘어갔습니다.

그러던 어느 날 우리가 건넨 설문지에 처음 파친코를 해봤다는 고객이 다음과 같은 의견을 적어주었습니다.

'기계음이 커서 처음에 무척 놀랐습니다. 하지만 오히려 활기가 넘쳐 보여 즐겁더군요. 단지 불편한 게 있었다면 화장실 위치를 물어도 직원의 대답소리가 기계음에 묻혀 알아듣기 어려웠다는 것입니다. 화장실 표시를 눈에 잘 띄게 하거나 화장실 위치가 표시된 매장 맵map을 배치하면 어떨까요?'

이 설문지를 보여주자 직원들은 모두 깜짝 놀랐습니다. 그들은 늘 파친코 안에서 근무하다보니 시끄러운 것, 고객이 몇 번이나 되물어오는 것에 이미 익숙해져 있었던 것입니다. 여러 번 반복해서라도 친절히 응대했기 때문에, 소음이라는 불친절의 원인 자체를 극복해 볼 생각은 해보지 않았습니다. 그런데 처음 파친코를 방문한 고객이 오히려 낯선 시선으로 문제점과 개선점을 정확히 짚어냈던 것입니다.

이들은 서둘러 매장 내 표지판을 큼직하게 새로 만들었습니다. 말소리가 잘 들리지 않기에, 작은 매장 맵을 곳곳에 비치해두었다가 고객이 물으면 직원이 손을 이용해 정확히 안내하고 정보를 전달했습니다. 고객이 "화장실이 어디인가요?" 하고 물으면, 직원은 재빨리 매장 맵을 꺼내서 위치를 손으로 가리켜 보여주고 매장 내에 표시된 화장실 표지판을 가리켜 더 정확히 위치를 안내해주었습니다. 그로 인해 말소리를 제대로 알아듣기 힘든 상황에서도 고객을 확실히 안내할 수 있게 되었습니다. 실제로 이 방법을 도입한 이후, 고객들로부터 큰 호평이 쏟아졌습니다.

아주 작은 변화였지만, 그 효과는 대단했습니다. 돈도 얼마 들지 않았습니다. 표지판을 좀 더 크고 보기 쉽게 만든 것, 매장 맵을 곳곳에 비치한 것, '손'을 이용해 설명한 것 등등 거의 돈이 들지 않는 방법이 전부였습니다. 특히 '손'을 적절히 활용하는 것은 어느 매장에서든 지금 당장이라도 실행에 옮길 수 있는 방법입니다.

여러분도 한번 자신의 일을 되돌아보고 어느 부분에서 '손'을 이용하면 좋을지 생각해 보기 바랍니다. 고객의 시선을 어느 한 부분에 고정시키고자 할 때 혹은 작은 배려를 할 때, 놀라울 정도의 큰 효과를 보여줄 것입니다.

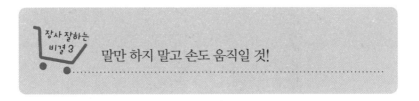

장사 잘하는
비결 3 　말만 하지 말고 손도 움직일 것!

4
대체 언제까지
기다리게 할 거야!?

'시간은 상대적이다.'

어려운 물리학 이야기가 아닙니다. 같은 한 시간이라도 눈 깜짝할 사이에 지나가버리는 한 시간과 너무나도 길게 느껴지는 한 시간이 있다는 생각을 해 본 적이 있지 않나요? 좋아하는 일을 하는 동안은 한 시간이 매우 빨리 지나가 버리지만, 심심하고 무료하게 보낼 때에는 한 시간이 하루라도 되는 듯 더디게 갑니다. 왜 이런 이야기를 하는가 하면, 이 감각을 알고 있는지 아닌지가 서비스의 질을 크게 좌우하기 때문입니다.

잠깐 동안 상상해 보는 시간을 가져봅시다. 여러분은 하루 종일 너무나 바빠서 아침부터 아무것도 먹지 못했습니다. 점심시간이 되어서야 겨우 밥을 먹을 수 있게 되었지만, 갑자기 손님이 와서 결국 식사를 하지 못했습니다. 허기진 배를 움켜쥐고 겨우 일을 끝내, 밤 7시가 되어서야 비로소 저녁 식사를 하러 갈 수 있게 되었습니다. 근처 식당에 들어갑니다. 쇠라도 씹어 먹을 허기를 억누르며 간신히 직원에게 주문을 합니다.

'이제, 드디어 밥을 먹을 수 있다!' 초조하게 기다리는데 음식이 나오질 않습니다. 심지어 나보다 나중에 온 손님에게 먼저 요리가 나갑니다. 슬슬 인내심에도 한계가 오고 있습니다. 직원에게 재촉을 해 보아도 "예. 알겠습니다." 하고 건성으로 대답할 뿐 아무것도 달라지지 않습니다. 진짜 알아들은 것인지조차 의문이 듭니다. 또 다시 10분이 지났지만 음식은 나올 생각을 안 합니다. 알고 보니 주문이 제대로 들어가지 않았던 것입니다!

만일 당신에게 이런 일이 생긴다면 어떻게 하겠습니까? 실제로 빈번히 일어나는 일입니다. 저 자신을 포함해 주변 사람들 모두 한두 번씩은 이런 일을 겪었다고 합니다. 이렇게 음식이 늦게 나오면, 고객은 계속 불만을 품게 됩니다. 설상가상 그게 주문이 접수되지 않아 일어난 일이라면 고객의 분노는 극에 달합니다. 첫 단추부터 잘못 채워져, 고객은 이 상황을 절대 용서할 수 없다는 마음까지 품게 됩니다.

이런 일을 방지하는 핵심은 '3분 안에 무엇이든 먼저 제공하라.'는 것입니다. 손님이 겉으로 '배가 고프다.'는 신호를 보내지 않는다고 해도 말입니다. '3분 안에 무엇이든 먼저 제공한다.'는 목표를 세우고 지키는 것은 고객의 신뢰를 얻는 가장 확실한 방법입니다.

물론 고객에 따라서 시간에 대한 체감은 각자 조금씩 다릅니다. 5분 정도 기다리는 것만으로도 불만을 품는 사람이 있고, 10분을 넘어도 태평하게 잘 기다리는 사람도 있겠지요. 하지만 그 어떤 경우라도 '3분 원칙'이 잘 지켜진다면, 거의 대다수의 고객은 '신속하다.'는 느낌을 갖게 됩니다. 이렇게 빨리 제공하는 곳이라면, 그만큼 다른 일도 능숙하게 처리할 것이라는 인상을 심어줄 수 있습니다.

무엇이든 3분 이내에 먼저 제공하고 나면, 본 음식이 나오는 데 조금 시간이 걸린다 해도 문제가 되지 않습니다. 고객은 '기다리는 행위' 대신 '무언가를 먹는 행위'를 하고 있기 때문에, 기다리는 시간에 대한 체감은 조금 무뎌집니다. 무료하고 지루한 시간과 흥미로운 시간의 차이처럼 말입니다. 아무것도 없는 상태에서 기다려야 하는 고객은 '기다리고 있다.'는 기분을 더 강하게 느낍니다.

물론 3분 이내에 무엇이든 먼저 제공한다는 게 그리 쉬운 일은 아닙니다. 손님이 많이 몰리는 피크 시간대라면 더욱 그렇습니다. 주방과의 원활한 연계도 필요하고, 홀을 담당하는 직원의 순발력도 필요합니다. 그러나 요식업 매장이라면, 어떤 곳이라도 이 3분 원칙이 잘 지켜져야만 합니다.

그럼 '물'을 드리면 되냐고요? 음료는 제외합니다. 반찬이 됐든 시식용 디저트가 됐든, 허기를 채워줄 수 있고 씹을 수 있는 것을 제공해야 합니다. 물론 요리가 3분 안에 나올 수 있다면 금상첨화일 것입니다. 하지만 그러기 힘든 경우라면 '대기 고객용 음식'을 따로 마련해두는 것도 하나의 방법입니다. 이것만 제대로 지켜진다면, 고객은 서비스가 신속하다는 인상을 갖게 되고 매장에 대한 평가는 더욱 좋아질 것입니다.

'3분 이내 대응'은 음식점에만 해당되지 않습니다. 소매업이나 서비스업의 경우에도 이러한 초기 대응은 매우 중요합니다. 판매업에서 초기 대응은 '고객이 매장에 들어와서 둘러보기 시작할 때'의 대응을 말합니다. 이 순간을 놓치고 고객을 내버려둔다면, 일부 고객은 금방 매장을 빠져나가버립니다. 이런 경우에는 3분까지도 지체할 필요 없이, 30초 안에 구별해내는 힘이 필요합니다. 즉 매장 안에 들어온 고객이 뭔가를 구입하려고 하는 것인지, 아니면 단순히 둘러보기만 하려는 것인지 30초 안에 구별해 대응해야 한다는 뜻입니다.

무언가를 사려고 왔는데도 직원이 말을 걸어오지 않는다면, 고객은 직원이 물건을 판매할 의욕이 없다고 간주해버리거나, 자신을 상대해주지 않는다고 판단해버리기 쉽습니다. 구매를 강제로 유도하거나 압박한다는 느낌이 들지 않게, 그러나 고객이 무엇이든 요청하면 응대할 준비가 되어 있다는 것을 보여주어야 합니다. "관심 두신 제품이 있으신가요?" 하고 가볍게 물으며 시선과 동선을 고객에게 맞추고 한 걸음 뒤에서 보좌하는 느낌으로 응대합니다.

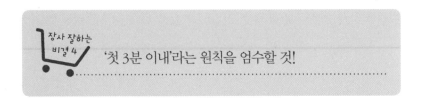

장사 잘하는 비결4 '첫 3분 이내'라는 원칙을 엄수할 것!

5
가격 정도는 바로
대답할 수 있어야지!

성실하고 진중한 사람일수록 고객이 던지는 질문 하나하나를 심각하게 받아들이고 진지하게 고민하는 경향이 강한 듯합니다. 그래서 고객이 가볍게 던진 질문에 대해서조차 너무 깊이 생각해버린 결과로, 바로 대답하지 못하게 되곤 합니다. 갑자기 말문이 막힌 듯 "아, 그게…… 저, 그것은……." 하며 우물쭈물하는 모습을 보이면, 고객은 불안해지게 마련입니다.

의외로 매장에서는 이런 문제 때문에 곤혹스러운 일이 잦습니다. 매뉴얼을 만들어 달달 외우게 한다고 해서 해결될 문제가 아닙니다. 문제는 정보 부족에다가 자신감 부족까지 결합되어 나타나기 때문입니다.

대답이 막혀버리는 데는 몇 가지 원인이 있습니다. 위의 경우처럼 고객의 질문을 지나치게 심각하게 받아들여서, 그리고 특히 새로 들어오거

나 경험이 부족한 직원의 경우는 '업무에 대한 지식이 없어서' 이런 일이
생깁니다.

고객의 질문에는 어떤 상황에서든 확실하고 당당하게 대답하는 것이
중요합니다. 만일 고객이 가격을 물었는데 "아…… 그게……." 하며 대답
하지 못한다면, 고객은 '이 직원은 아무것도 모르고 있나보네.' 하고 생각
하거나 심지어 '뭔가 가격을 속이고 있나?' 하는 의심까지 하게 됩니다.

"이거 소재는 뭔가요?"라고 물었는데, "이 제품은 말이지요, 그게, 저
기……." 하고 얼버무리면, '이 사람한테 물건을 사도 괜찮은 걸까?' 하고
불안해 할 것입니다.

상품을 판매하는 직원이라면, 반드시 상품에 대한 최소한의 지식은 숙
지해두어야 합니다. 만일 혼자 힘으로 대답하기 힘들다면 즉각 싹싹하고
솔직하게 양해를 구하는 것이 좋습니다.

"이 제품에 대해서는 제가 아직 잘 숙지하지 못해서요. 정말 죄송하지
만 금방 매니저에게 확인하고 올 테니 조금만 기다려주시겠습니까?" 그
러고 나서 빨리 상사나 선배에게 물어본 다음, 대답을 해드려야 합니다.

하지만 고객의 질문이라는 게 항상 예측 가능한 범위 내에 있는 것이
아닙니다. 고객이 묻습니다.

"저기, 여자 친구한테 선물하려고 하는데, 이 둘 중에 어느 것이 괜찮
을까요?"

갑자기 이런 질문을 받게 되면 어떻게 대답해야 할지 망설이게 마련

입니다. 답이 있는 것도 아니다보니, 내 주관적인 판단이 잔뜩 들어가 있는 대답으로 오히려 고객의 기분을 상하게 하지는 않을까 걱정도 됩니다. 그러다보니 더욱 대답을 못하게 되고, 머뭇머뭇 쭈뼛대게 됩니다. 그 기분은 충분히 이해하지만, 아무 대답도 하지 않는 쪽이 더 문제가 될 수 있습니다. 자기 나름대로 판단해서 적절하게 대답합니다. 결정은 어디까지나 고객이 하는 것이기 때문에, 굳이 어느 한쪽으로 유도하려 할 필요는 없습니다.

고객의 질문을 받는 것은 '공을 서로 주고받는' 캐치볼과 비슷합니다. 상대가 혹여 폭투를 해서 공이 사방으로 튀더라도 이쪽에서는 최대한 받아주려고 노력해야 합니다. 잘 받지 못했다 하더라도 바닥에 떨어진 공을 바로 집어서 반드시 고객에게 돌려주어야 합니다. 이런 캐치볼이야말로 고객과의 신뢰를 돈독히 해주는 포인트가 됩니다.

고객이 무리한 요구를 해옵니다.

"지금 산 물건들 여기 이 주소로 전부 내일까지 배송해주세요."

고객으로부터 일방적으로 통보를 받았다면, 당신은 어떻게 응대하겠습니까? 되든 안 되든 무조건 OK를 할 수도 있고, 무조건 그건 규정상 안 된다고 거절할 수도 있을 것입니다. 하지만 이럴 때는 올바른 '답'을 제시하는 것이 능사가 아닙니다. 이럴 때 중요한 것이 바로 캐치볼 커뮤니케이션입니다.

예를 들어 다음과 같이 고객에게 다시 질문을 던집니다.

"뭔가 급한 일이 있으신가요?"

이 질문에 고객이 무언가 대답을 한다면, 또 다른 대화로 발전해나갈 수 있습니다.

"배송해드릴 수는 있지만 별도로 요금이 발생하고 내일까지 완벽히 배송되지 않을 수도 있습니다. 제가 바로 요금과 시간을 알아보겠습니다. 조금 기다려주실 수 있으신가요?"

이런 식으로 조금 더 조심스럽게 캐치볼을 할 수도 있습니다. 이렇게 질문과 대답이 몇 번 더 오고가면서 최종적으로 고객도 만족하고 매장에도 부담이 되지 않는 결론에 도달할 수 있게 됩니다. 여기서 포인트는 캐치볼을 통해 제대로 된 대답을 찾아서 고객에게 돌려주는 것입니다. 계속 우물쭈물하고만 있으면 고객이 불안해질 뿐 아니라, "왜 진작 알려주지 않은 거야!" 하고 화를 유발해서 클레임으로 악화되기도 합니다. 장사를 하는 사람이라면 절대 하지 말아야 할 이 '우물쭈물 망설이기' 안에는 침묵하는 행동까지 포함됩니다.

한 서점에서 있었던 일입니다.

고객이 카운터 직원에게 물었습니다. "○○○이라는 책 혹시 있습니까?"

그러자 직원은 아무 대답도 않은 채 계속 컴퓨터 작업만 했습니다. 시간이 어느 정도 흘렀습니다. 카운터 앞에서 기다리던 고객은 화를 내기 시작했습니다. "지금 손님이 물어봐도 찾는 시늉도 안 하는 겁니까? 도대체 있다는 거예요, 없다는 거예요?"

손님은 자신이 투명인간 취급을 당하고 있다고 느꼈습니다. 그때 직원이 억울하다는 듯이 말했습니다. "사실 지금 그 책을 찾고 있던 중이었습니다."

화가 머리끝까지 난 고객을 달래느라 직원은 몇 번이고 고개를 숙이며 사과를 해야 했습니다.

"지금 바로 찾아보겠습니다. 잠시만 기다려주시겠습니까?"

이 한 마디 대답으로 고객에게 '기다리는 행동'을 요청하는 캐치볼만 해주었더라도 이런 불상사는 일어나지 않았을 것입니다.

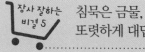
장사 잘하는 비결 5 침묵은 금물, 어떤 질문에라도 당당하고 또렷하게 대답할 것!

6
고객에게 설마
그렇게 인사하려고!?

한 대형마트 계산대 서비스를 테마로 미스터리 쇼핑 점검을 할 때의 일입니다. 그곳에서 일하는 이들 중에는 정사원도 있고, 아르바이트 학생도 있고, 파트타이머지만 10년 이상 경력이 있는 이들도 있었습니다. 조사 차 몇 번 방문하다보니, 한 가지 재미있는 사실을 알게 되었습니다.

그것은 바로 일을 해온 근무연한과 고객의 평가가 반드시 정비례하는 것은 아니라는 사실이었습니다. 경험이 적은데도 고객 평가가 높게 나오는 사람이 있는가 하면, 오래 일했는데도 낮은 평가를 받는 사람도 있었습니다. 오랜 기간 일한 사람이 숙련도도 높고 업무 파악도도 높을 텐데 말입니다. 하지만 숙련도는 고객 만족도와 반드시 일치하지 않았습니다. 저는 이것이 매우 흥미로운 결과라고 생각했습니다.

그렇다면 왜 고객은 일한 지 5개월밖에 되지 않은 아르바이트생에게 더 높은 점수를 주고, 7년이나 일한 정사원에게는 낮은 점수를 주었을까요?

그 이유는 바로 '15도 인사' 때문이었습니다. 5개월 된 아르바이트생은 고객 한 사람 한 사람이 계산대에 다가오고 떠나갈 때마다 "어서 오세요.", "감사합니다." 하고 말하며, 정중하게 머리를 숙여 인사를 했습니다. 아직 5개월 차라 미숙한 점이 많다고 자각하고 나름대로의 방법으로 열심히 일한 것이겠지요. 반면 경험이 많은 정사원은 오랜 기간 해온 업무라서인지 고객을 기계적으로 대하고 있었습니다. 오직 처리 속도만 생각하다보니 고객과는 눈도 마주치지 않고, 인사도 입으로만 하는 식이었습니다.

물론 고객이라면 누구나 계산대 앞에서 지루하게 줄 서 있는 것을 좋아할 리 없습니다. 계산대의 역할은 계산을 빨리 해서 고객이 대기하지 않도록 하는 것이라고 생각할 수도 있습니다. 하지만 속도만 빠르다고 만사형통은 아닙니다. 인사는커녕 뚱한 표정이나 무표정한 얼굴로 기계적으로 봉투에 상품을 담아주기만 한다면, 누구라도 기분이 좋지 않을 것입니다. 빠르기는 어느 정도 일정한 속도로 줄이 줄어드는 정도면 충분하고, 그 다음 중요하게 여기는 것은 바로 '정확성'과 '정중함'입니다. 고개만 까딱 하는 사람과 정중하게 머리를 숙여 인사하는 사람이 있다면, 당연히 후자 쪽이 고객에게 더 좋은 인상을 심어줄 게 분명합니다.

고객은 의외로 정중한 인사에 매우 민감합니다. '15도 인사'는 흔히 고객을 응대하는 사람들이 생각하는 것 이상으로 매우 중요합니다.

이제 여러분의 일상으로 돌아가 봅시다. 나도 모르게 인사를 안 하고 있지는 않은가요? 인사를 그야말로 인사치레로 대충대충 하고 있지는 않나요? 머리를 숙이지 않고 입으로만 인사하거나, 고개만 까딱 숙이지는 않나요? 만일 이 중 하나에라도 해당된다면, 당신은 지금 인사만으로도 큰 손해를 보고 있는 셈입니다. 귀찮다, 번거롭다는 생각을 떼어내고, 일단 무조건 15도로 머리를 숙여 정중하게 인사해 봅시다. 90도에 가까운 과도한 인사는 오히려 고객에게 위화감을 줍니다. 15도 정도면 충분합니다.

또 다른 측면에서 '인사의 역할'에 대해 살펴보겠습니다. 사실 사람들은 대부분 '나는 인사를 잘하고 있다.'고 여깁니다. 한 레스토랑에서 서비스 교육을 할 때의 일입니다. 업무 흐름을 파악하기 위해, 우리는 직원 한 사람 한 사람에게 평소대로 일하는 모습을 보여 달라고 요청했습니다.

그런데 한 젊은 남자 직원은 고객에게 일절 인사를 하지 않는 것이었습니다. 게다가 아무리 지적해도 본인은 전혀 자각하지 못했습니다. 지적할 때마다 매번 불만 가득한 표정으로 변명했습니다.

"저는 항상 머리를 숙여가며 정중하게 인사하고 있습니다!"

하지만 제가 보기에는 다른 직원들과 비교했을 때 제대로 된 인사를 한다고 보기 힘들었습니다. 의식적으로 할 때는 정중하게 머리를 숙였지만, 이내 얼마지 않아 고개만 까딱이는 것으로 바뀌곤 했습니다.

그래서 우리는 자신들이 어떻게 행동하는지 객관적으로 파악할 수 있도록 직원 한 사람 한 사람의 모습을 비디오로 촬영해 보여주기로 했습니다. 그 직원은 비디오를 보고 깜짝 놀랐습니다. 스스로 인사를 잘하고 있다고 생각했고 누군가로부터 불친절하다는 지적을 받은 적도 없었기 때문에, 자기가 실제 어떻게 하고 있는지 자각하지 못했던 것입니다. 실상을 객관적으로 파악하고 나서 그 직원은 약간 충격을 받은 것 같았습니다. 그러나 그걸 계기로 자신의 인사가 잘못되었다는 것을 깨달을 수 있었고, 그제야 왜 자신이 지적을 받았는지 확실히 이해했습니다.

평소 업무 속에서 하는 자연스러운 자세를 거울 앞에서 한 번 해 보는 것이 중요합니다. 스스로 느끼는 것과 고객에게 보이는 모습이 다를 수 있기 때문입니다. 또한 요즘에는 휴대전화 등으로 간편하게 동영상을 촬영할 수 있으니, 친구나 동료에게 자신의 모습을 찍어달라고 부탁해도 될 것입니다. 동영상을 보며 내가 평소에 어떻게 인사하고 있는지 좀 더 객관적으로 판단하게 될 것입니다.

15도 인사법만으로도 고객이 체감하는 매장의 인상은 크게 달라질 수 있습니다. 개선해 볼 가치가 충분하고, 개선하기 어렵지도 않습니다.

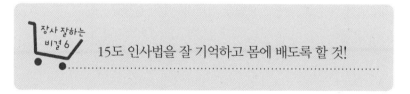

장사 잘하는
비결 6   15도 인사법을 잘 기억하고 몸에 배도록 할 것!

7
말의 앞부분밖에는 잘 들리지 않아!

많은 사람들이 바쁜 시간에는 '움직임을 잠시 멈추는 것'을 쉽게 잊어버리는 것 같습니다. 특히 휴일처럼 고객이 많이 몰리는 날에는 최대한 신속하게 움직이며 대처하는 게 가장 중요하다고 여길지 모릅니다. 하지만 이렇게 바쁘게 움직이는 데만 익숙해지면, 모든 일을 기계적으로 처리하기 쉽습니다. 다음과 같은 경우처럼 말입니다.

구매를 해준 고객에게 제품을 건네며, 혹은 결제한 카드를 건네며 감사의 인사를 합니다.

"감사합니다."

그런데 "감사~" 하고 말이 채 끝나기 전에 다른 일을 하기 위해 몸을 다른 곳으로 향합니다. 고개를 돌려버리거나 몸을 틀어버려서, 말의 앞부분만 들리고 말끝을 흐리는 것처럼 뒷부분이 생략됩니다.

한 프랜차이즈 주점에서도 비슷한 일이 벌어졌습니다. 손님이 돌아갈 때면 큰소리로 "안녕히 가십시오!" 하고 외치는 것이 특색인 곳이었습니다. 그런데 어떤 직원이 하는 인사말은 "안녕히……"까지밖에 들리지 않습니다. 뒷부분은 알아듣지 못할 정도로 재빠르게 끝맺는다든지, 다른 용무를 위해 행동을 취하기 때문입니다. 손님은 마치 쫓겨나는 것 같은 느낌을 받았다고 말해주었습니다. 이래서는 '큰소리로 인사한다.'는 운영 방침이 무색해질 뿐입니다. 물론 이는 바쁜 시간대에 손님을 충실히 응대하려고 부단히 노력한 결과입니다. 하지만 고객의 평가는 낮아질 수밖에 없습니다.

우리가 제안한 조치는 '배웅 인사를 건넬 때 3초 동안 고객을 주시하라.'는 것이었습니다. 단 3초면 됩니다. 물론 바쁜 시간대에 3초라는 시간은 의외로 매우 길게 느껴질 겁니다. 이제껏 뒷말을 흐렸던 직원들은 아마도 이렇게 인사를 하는 데 들이는 시간이 아깝다고 느꼈을 것입니다. 그러나 이유를 불문하고 무조건 인사를 건넨 다음 '하나, 둘, 셋' 하고 속으로 3초를 세고 나서 다른 작업을 시작하도록 철저히 숙지시켰습니다.

이 '3초'의 목적은 두 가지입니다.

하나는 돌아가는 고객을 향해 일종의 주파수를 보내는 것입니다. 실제로 등을 돌린 상태의 고객은 이렇게 여운을 남기며 인사하는 직원의 모습이 보이지 않을지 모릅니다. 하지만 친절한 대접을 받고 있다는 것을 '감지'할 수 있습니다. 인사를 하는 둥 마는 둥 하고 바로 자기 볼일을 보는 경우와 정중하게 고객에 대한 감사의 마음에 담아 인사하며 배웅하는 경우의 차이를 고객은 정확히 감지합니다.

또 하나의 목적은 3초간 길게 주시함으로써 여운을 남기는 것입니다. 인사를 하자마자 서둘러 돌아서버리면 고객은 사무적이라는 느낌을 받게 됩니다. 그러나 3초의 여운을 남기면 고객까지 덩달아 기분이 좋아집니다.

실제로 해 보면 이게 생각만큼 쉽지 않습니다. 정신없이 바쁜데 3초나 가만히 서 있다니요? 그 3초라면 다른 손님들이 기다리는 시간을 절약해 줄 수 있을 것 아니냐는 직원들의 볼멘소리도 나왔습니다. 물론 산술적으로는 그렇습니다. 배웅하는 시간을 3초씩만 줄이면, 그만큼 빨리 다른 일을 처리할 수 있을지도 모릅니다. 하지만 고객의 입장이라면 어떨까요? 3초 정도 서비스를 기다리는 것과 3초간 마음이 담긴 배웅을 경험하는 것 중 어느 쪽의 비중이 더 클까요? 고객에 대한 영향력을 고려하면, 고객을 배웅하는 3초가 훨씬 크고 중요합니다.

바쁜 시간에 인사하는 데 3초나 쓸 수는 없다는 의견이 일견 맞는 것 같지만, 사실 잘못된 생각입니다. 바쁘니까 없애도 된다는 발상은 바쁘니까 완성되지 않은 채로 상품을 제공해도 된다는 생각과 다르지 않습니다. 고객은 인사를 포함한 서비스 전체에 돈을 지불하는 것입니다. 그걸 빼먹어도 된다고 여기는 것은 바쁠 때에는 불량품(미완성품)을 제공해도 상관없다는 식의 안일한 생각으로 이어질 수 있습니다.

이 프랜차이즈 주점의 경우에도 '3초 배웅'을 습관화하기까지 꽤 힘이 들었습니다. 하지만 한 사람이 실천하고 다른 사람이 따라 하기 시작하면서, 고객으로부터 칭찬의 소리가 들려왔습니다.

혹시 무성의하게 배웅 인사를 하고 있지 않나요? 바쁘다는 핑계로 인사를 채 마치지도 않고 다른 업무를 시작하지는 않습니까? 만일 조금이라도 그런 경향이 보인다면, 이제부터라도 매장을 나가는 고객의 뒷모습을 3초간 바라보기 바랍니다. 그것만으로도 고객이 당신을 바라보는 눈이 달라질 것입니다. 또한 나 스스로에게도 마음의 여유와 함께 고객의 소중함을 일깨워주는 시간이 될 것입니다.

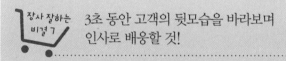

장사 잘하는 비결7 3초 동안 고객의 뒷모습을 바라보며 인사로 배웅할 것!

8
고객보다 당신 업무가
더 중요해?

앞서 이야기했듯이 배웅 하나로도 고객에게 감동을 줄 수 있습니다.

저는 한 백화점 의류 매장에서 받았던 서비스가 아직도 기억에 남습니다. 그날은 업무를 마치고 갔기 때문에, 백화점 폐점 한 시간 전에야 매장에 들어갔습니다. 정장을 고르기 위해 스타일이나 소재 등에 대해 직원과 계속 이야기를 나누었습니다. 겨우 구입할 정장을 결정하고 사이즈를 확인하고 계산을 마쳤을 때, 문득 시계를 보니 이미 폐점 시간이 20분이나 지난 것이 아니겠습니까! 당황해서 직원에게 사과하자 오히려 직원이 미안해 하며 말했습니다.

"이미 출구가 닫혔을 텐데요. 죄송하지만 비상문을 통해 나가실 수밖에 없을 것 같습니다."

영업시간이 끝나서 주변 매장 직원들은 물건과 전표를 정리하느라 분

주했지만, 그 직원은 열일을 제쳐두고 저를 비상문이 있는 곳까지 안내해주었습니다. 매장은 B관 5층에 있었지만 비상문은 A관 1층 안쪽에 있었습니다. 직원이 아니라면 찾기 힘든 위치였습니다. 그 직원은 우선 A관까지 함께 가서 1층으로 내려간 다음, 저를 안쪽에 있는 비상문 앞까지 데려다주었습니다. 그리고 구입한 물건을 건네주면서 정중하게 인사까지 해주었습니다. 이렇게 친절한 배웅을 받은 뒤로 그 매장과 직원에 대해 매우 좋은 인상을 갖게 되었습니다. 나를 위해 이런 서비스까지 해준다는 것에 약간의 자부심도 느꼈습니다.

비슷한 상황에서 전혀 다른 경험을 한 적도 있습니다. 이 경우는 배웅하는 법이 많이 달랐습니다. 그 직원은 매장 앞 통로까지 나와서 저를 배웅해주었습니다. 그러나 직접 비상문까지 안내하는 대신, 말로 설명하는 것으로 끝이었습니다.

"저쪽에서 좌회전하셔서 쭉 가시면⋯⋯." 직원은 비상구 위치를 설명하고 인사를 건네고는, 곧바로 폐점 정리를 위해 매장으로 들어가 버렸습니다.

같은 상황에 다른 경험을 하면서, 저는 새삼 배웅의 중요성을 절실히 깨달았습니다. 특히 폐점 시간이 지나면 누구라도 빨리 정리하고 퇴근하고 싶은 생각이 간절하겠지요. 하지만 고객을 출구까지 안내한다면 직원의 친절함에 고객은 분명 감동받게 될 것입니다. 물론 이건 고객의 지나친 욕심일지도 모릅니다. 오히려 바쁜 시간대에 군이 출구까지 안내해주려는 직원이 있다면, 그를 배려해서 거절하는 게 매너일지도 모릅니다.

하지만 여기서 하고 싶은 말은 출구까지 배웅하고자 하는 마음이 있는 사람과 그 자리에서 설명하는 것으로 끝내려는 사람은 여타의 서비스에서도 큰 차이를 보인다는 것입니다.

출구까지 고객을 배웅함으로써 좋은 평판을 얻게 된 한 레스토랑 프랜차이즈 매장의 사례입니다. 대부분 프랜차이즈 매장이라고 하면 서비스도 대동소이할 것 같지만, 실제 전국을 돌아다니며 프랜차이즈 매장 각각을 점검하다보면 이름은 같아도 전혀 다른 매장처럼 느껴지는 곳이 많습니다. 제 기억에 남아 있는 매장도 그러했습니다. 해당 프랜차이즈의 다른 매장들은 계산대에서 인사를 하고 배웅을 마치는 스타일이었습니다. 하지만 그중 단 한 곳만은 다른 방식을 취하고 있었습니다. 고객을 배웅할 때 반드시 담당자가 매장 밖까지 나가서 인사를 건네도록 하고 있었습니다.

별일 아닌 듯하지만, 실제로 실천하기란 쉽지 않습니다. 고객이 매장을 나가는 순간에 반드시 직원이 함께 있어야 하기 때문입니다. 바쁜 시간이라면 손이 열 개라도 모자랄 정도입니다. 그런데도 빼먹지 않고 매장 밖까지 동행해 손님을 배웅합니다. 매장 밖까지 배웅하기 위해 그만큼 업무가 늘고 일시적으로나마 매장 안의 일손이 부족해집니다. 그래서 애초에 시작조차 않은 매장들이 대다수였습니다. '뭘 그렇게 과하게 서비스를 해. 요리가 늦어지고 말 길?', '그런 자잘한 일까지 챙기다가는 매장이 제대로 돌아갈 리 없어.' 이런 우려와 불만 때문이었습니다.

하지만 출구까지 배웅을 받은 고객이 받아들이는 체감은 대단했습니다. '내가 돌아가는 것을 알고 이렇게까지 신경을 써주는구나.' 하며 기뻐했을 뿐 아니라, 천편일률적인 프랜차이즈 매장이라고만 생각했는데 이곳은 남다른 면이 있다며 차별성을 느꼈습니다. 이렇게 배웅 하나로 다른 매장과 차별화된 존재감을 어필할 수 있었던 것입니다.

고객이 매장을 나가는 순간 잠깐이라도 함께 한다면, 그것만으로도 고객과의 거리는 한층 더 가까워질 것입니다.

장사 잘하는 비결 8   가능하다면 꼭 출구까지 고객을 배웅할 것!

일본 재래시장의 변신을 들여다보면, '대형마트나 슈퍼마켓에 밀려 재래시장은 비전이 없다.'는 사람들의 푸념이 무색해질 정도입니다. 물론 재래시장은 겨울에 춥고 여름에 더우며 비좁고 지저분한 골목을 여기저기 다녀야 하고, 신용카드를 쓰기도 어렵고 흔한 적립이나 할인도 잘되지 않습니다.

그러나 재래시장을 다른 관점으로 보면, 자전거 등을 타고 매장 안을 돌아다닐 수도 있고 애완동물을 데려갈 수도 있으며 각각의 매장마다 다양한 상인들이 다양한 물품을 취급하기 때문에 구경하는 재미도 쏠쏠합니다.

이런 재래시장의 장점을 최대한 살리되, 고객들이 불편해 하는 점만 살짝살짝 개선해서 손님을 끌어 모으는 일본 재래시장의 변신 전략을 요약하면 다음과 같습니다.

1. 최대한 물건을 전면에 배치하고 서서 지나는 손님의 시야에 잘 들어오도록 규격화된 받침대를 도입
2. 비가 새지 않도록 지붕을 설치하고 바닥을 대리석 등으로 재정비
3. 야시장, 시장 축제, 요일 할인, 계절 할인 등 다채로운 이벤트
4. 가게의 위치와 취급 품목 등이 정리된 시장 맵map
5. 1인 가구를 위한 소포장 제품, 배달 서비스 확대

직접 만든 음식을 파는 매장이 많은 특성을 지녔던 종로의 통인시장은 이러한 장점을 살려서 쿠폰으로 원하는 음식을 구매해 시장에서 제공하는 공간에서 삼삼오오 도시락처럼 먹을 수 있게 했습니다. 흥미로운 체험 공간이자 가족과 친구 단위의 방문 코스로 탈바꿈한 이들의 전략은 약점에 실망하기보다 '장점을 키우는 것'으로 인해 가능했던 것입니다.

무조건 '안 된다', '어렵다'고 하기보다 지금 처한 현실에서 할 수 있는 일을 찾아야 합니다. 사양 산업이었던 이발소가 새로운 컨셉으로 단장해 다시 각광 받고, 서양식 음식에 밀려 구닥다리로 취급받던 전통과자나 죽 등이 현대적인 이미지로의 변신을 통해 사랑받는 등 낡은 것도 얼마든지 변신할 수 있습니다.

Chapter 2

고객과의 접점,
교집합을 많이
만들수록 승산이 있다

9

이런 재미있는 명함이라면 버릴 수 없지!

미스터리 쇼핑 점검을 위해 여러 매장을 다니면서, 무척 아쉽다는 생각을 할 때가 있습니다. 회사에 다닐 때에는 명함을 건네는 일을 당연히 여기면서도, 정작 매장에서 고객을 만날 때에는 명함을 건네지 않는 이들이 많기 때문입니다. 명함을 건네는 것이 전혀 습관화되어 있지 않은 매장도 있었습니다. 단골고객이 많은 매장이라면 괜찮을지 모르지만, 고객의 내점 빈도가 그다지 높지 않은 매장이라면 조금이라도 고객의 기억에 남을 수 있는 방도를 백방으로 찾아야 합니다.

그 방법 중 하나로 매우 효과적인 것이 바로 '명함'을 건네는 일입니다. 아무리 직원과의 대화가 즐거워 기분이 좋았다 하더라도, 눈에 보이는

58

무언가로 남아 있지 않으면 의외로 고객은 쉽게 잊어버립니다. 그 당시에는 '다음에는 꼭 저걸 사러 와야지.' 하고 마음먹었어도 그 자리에서 끝나버리기 쉽습니다. 따라서 고객에게 매장에 대한 기억을 남기기 위해서라도 명함을 꼭 건네야 합니다. 명함은 방문객에 대한 예의를 표시하기도 하지만, '우리를 기억하고 다음에도 꼭 다시 방문해주십시오.' 하는 깊은 메시지를 내포하고 있습니다.

또 하나 중요한 것은 명함은 매장에 대한 기억을 상기시키는 도구뿐 아니라, 직원 개개인의 매력을 어필하기 위한 도구로도 사용돼야 한다는 점입니다. 명함을 보고 기억에 남아 "지난번에 안내해주었던 ○○○ 씨를 보러 왔어요." 하고 고객이 말할 만큼 뭔가 기억에 남는 독특함이 필요합니다.

회사에서 일률적으로 만들어준 명함, 같은 매장 명에 직원 이름만 바꾼 천편일률적인 명함 말고, 특별한 나만의 명함이 필요한 이유입니다. 물론 본사 혹은 회사, 사장의 지침을 따라야 해서 허락이 필요한 경우도 있을 것입니다. 직원 개개인이 좀 더 주인의식을 발휘할 수 있게 해주려면, 이 정도의 재량은 주는 게 바람직합니다. 별도의 허가가 필요하거나 회사 차원의 브랜드 관리를 위해 규칙이 존재하는 경우라면, 재량 범위 안에서 자율적이고 창의적으로 개인 명함을 만들어 사용하도록 독려하는 게 좋습니다.

의외였던 것은 부동산이나 자동차 같은 비교적 고가의 상품을 판매하는 직원들조차 고객에게 명함을 건네지 않는 경우가 흔하다는 점입니다.

물론 전혀 살 의도가 없는데도 구경하려는 요량으로 매장을 방문하는 고객을 자주 응대하다보면 어느새 건성으로 대하게 될지도 모릅니다. 경험이 많은 경력 판매자일수록 '저런 사람은 절대 사지 않아.' 하는 자기만의 기준을 만들어두고 고객을 대하게 됩니다. 그런데 이 경우 판매자가 무의식중에 지은 표정이나 행동이 고객에게 곧바로 전달됩니다. 건성으로 인사를 하고, 매장을 나서는데도 누구 하나 관심을 기울이지도 않고 명함 한 장 건네지 않는다면, 고객은 감정이 상하게 마련입니다. 그리고 이는 결국 매장에 큰 손실로 다가옵니다. 사지 않는 고객이라 해도 부정적 입소문을 퍼뜨릴 능력은 얼마든지 있습니다. 사려는 고객일수록 오히려 무관심한 듯 시큰둥한 태세로 매장에 들어올 요량이 큽니다.

그러므로 어떤 경우라 해도 고객에게는 항상 먼저 적극적으로 명함을 건네야 합니다. 고객에게 어필하는 일을 조금이라도 망설이거나 주저해서는 안 됩니다.

저는 여러 매장을 다녀보면서 많은 판매자들이 자신을 어필하는 데 소극적이라는 느낌을 받곤 합니다. 대다수가 친절하고 정중한 '익명의 판매자'가 되고 싶어 합니다. 지나치게 나댄다는 느낌을 줄까봐 망설이고, 먼저 다가가는 일을 꺼립니다. '고객이 왕'이라는 슬로건에 지나치게 충실한 나머지, 가만히 고객의 요구만 기다리는 수동적인 태세를 취하는 경우가 많습니다.

하지만 자신을 효과적으로 어필하는 것과 고객을 최우선으로 여기는 것은 서로 배치되는 일이 아닙니다. 고객 입장에서도 전혀 모르는 사람에게 이야기하는 것보다는 가깝게 느껴지는 사람이 훨씬 이야기하기 쉽지 않을까요? 명함은 고객에서 자신을 효과적으로 어필할 수 있는 도구입니다.

명함에 당신의 장점이나 특징을 명기한다면, 더욱 효과적일 것입니다. 한 번 보면 절대 잊을 수 없는 어필 포인트를 생각해 봅시다. 그 포인트를 실마리로 해서 고객이 친근감을 느끼게 만들고, "아, 이런 것도 하세요?" 하면서 대화의 물꼬를 트는 역할도 해줄 수 있습니다.

한 음식점에서의 일입니다. 이곳에는 테이블마다 담당자가 있어, 반드시 자기소개를 하도록 했습니다. 고객이 식사를 마치고 돌아갈 때에는 감사 인사를 하며 명함을 건넵니다. 명함의 뒷면에는 10퍼센트 할인권이 인쇄되어 있습니다. 그러나 이 명함은 단순한 할인권 역할에 그치는 게 아닙니다. 거기에는 직원 개개인의 장점이나 특징이 재미나게 표기돼 있습니다. 그 사람만의 독특함을 표현하는 단어가 직원 명찰에도 적혀 있습니다. 계산대에도 직원들의 사진과 특징이 적힌 패널이 있어, 고객의 눈길이 저절로 향합니다.

시간이 흐르자 '늘 웃는 얼굴, ○○○ 씨' 등 직원 명찰에 적힌 이름을 불러주는 고객이 늘어났습니다. 처음에는 쑥스러워하던 직원들도 서서히 익숙해져 갔습니다. 6개월 정도 지나자, 직원 스스로가 테이블에서 손님에게 처음 인사를 할 때, "잘 오셨습니다. 웃는 얼굴이 매력적인 ○○○입니다." 하는 식으로 자기소개를 하는 게 자연스러워졌습니다.

접객도 일종의 만남입니다. 얼마나 엄청난 인연의 합이 모아져 손님과 직원으로 만나게 된 걸까요? 그러니 명함을 건네서 조금이나마 고객의 기억에 남도록 노력해야 합니다. 내가 건네는 이 명함 한 장이 생각지도 못한 사이에 엄청난 효과를 불러올지 누구도 모를 일입니다.

장사 잘하는 비결 9   독특한 어필법으로 고객이 나를 기억하게 만들 것!

10
'감사합니다'는
많이 할수록 효과 만점!

'이심전심以心傳心'이라는 말은 '굳이 말로 표현하지 않더라도 마음에서 마음으로 전달된다.'는 뜻입니다. 그래서인지, 감사의 마음을 좀처럼 말로 표현하지 않는 사람이 많습니다. 하지만 고객을 대할 때에는 감사의 마음을 '말'로 전하는 것이 정말 중요합니다. '알아주겠지.' 하는 마음은 통하지 않습니다. 우리가 조사를 통해 파악하게 된 사실이 있습니다. 의외의 데이터였습니다.

'고객은 감사 인사를 5회 가량 전달 받았을 때 비로소 상대의 진심을 조금이나마 느끼게 된다!'

고객에게 5회나 인사할 일이 있을까요? 좀 오버라고요? 아닙니다. 지금 이 글을 읽는 당신은 고개를 갸웃할지 모르지만, 어떤 업종이나 업태에서도 이 5회의 기회는 반드시 존재합니다.

처음 고객이 매장에 들어섰을 때, 첫 번째 감사가 전달됩니다. "어서 오세요.", "방문해주셔서 감사합니다." 등의 인사를 통해서 말입니다. 환영과 더불어 반드시 '감사를 전하는 말'이 필요합니다.

식당이라면 테이블로 안내할 때, 판매 매장이라면 고객이 상품을 손으로 집었을 때, 두 번째 감사를 전달할 수 있습니다. 테이블로 고객을 안내할 때, "자, 이쪽으로 안내해드리겠습니다." 하고 말합니다. 고객이 상품을 집었을 때, 혹은 제품을 찾을 때, "어떤 제품을 찾고 계신가요? 제가 안내해드리겠습니다." 하고 다음 대화로 이어지는 감사의 표현을 할 수 있습니다.

세 번째 감사는 언제 전할까요? 식당이라면 음식을 주문 받은 다음 건넬 수 있을 것입니다. "예, 잘 알겠습니다. 감사합니다." 이렇듯 감사를 전하는 작은 말은 큰 차이를 불러옵니다. 대다수 식당을 잘 관찰해 보면 "네, 알겠습니다." 정도로 주문을 받고 끝내는 경우가 많습니다. 그러나 주문을 받았을 때는 반드시 '감사'를 말로 표현해야 합니다. 판매 매장도 마찬가지입니다. 고객이 어떤 상품을 구입하기로 결정했을 때, "감사합니다."라고 감사의 마음을 말로 전달해야 합니다.

네 번째 감사는 계산할 때 전할 수 있습니다. 이는 요식업이든 소매업이든 동일합니다. 이 경우는 '돈'을 받는 상황이기 때문에 대부분 감사의 인사를 건네게 마련이지만, 이때에도 그저 사무적으로 계산을 마쳐버리는 이들도 있습니다. 상품 금액을 알려주고 받은 금액과 거스름 돈 액수를 알려주기만 한다면, 계산기와 다를 게 없습니다. 반드시 감사의 말을 건네야 합니다. "감사합니다. 000원입니다." 하고 금액을 알려드릴 때 한 번, "여기 거스름 돈 있습니다. 감사합니다." 하고 마무리할 때 또 한 번 할 수 있다면 금상첨화일 것입니다.

마지막 다섯 번째 감사는 고객이 매장을 나설 때 전합니다. 계산이 끝나면 용무를 다 마쳤다는 식으로 끝내버리는 경우가 많은데, 고객이 매장을 나서는 순간 마지막으로 '감사의 말'을 전하는 것은 매우 중요합니다.

이렇듯 고객이 우리 매장을 방문해서 돌아갈 때까지 최소한 5회는 감사의 말을 전해야 합니다. 이것을 의식적으로 염두에 두고 일한다면, 고객이 느끼는 인상은 크게 달라질 것입니다. 혹자는 "감사해야 하는 건 맞지만 구질구질하게 다섯 번이나 인사를 할 필요가 있느냐?"고 볼멘소리를 할지 모릅니다. 또 인사를 여러 번 듣는 걸 귀찮다고 여기는 고객도 있을지 모릅니다.

하지만 우리 마음이 담긴 인사들이 우리가 생각하는 것처럼 전부 고스란히 고객에게 전달되는 것은 아닙니다. 5회 인사해도 고객이 감지하는 횟수는 1~2회에 불과할 수 있습니다. 내가 건넨 감사의 말이 고객의 귀에 들어가지 않으면 아무 소용이 없습니다. 자유투를 넣는 농구선수에 비유할 수 있습니다. 다섯 번의 슛을 한다고 해도 정작 들어가는 골은 몇 개 안 될 수도 있습니다. 요령 좋은 선수라서 던지는 족족 넣을 수 있다면 좋겠지만, 고객이라는 골대는 움직이고 진동도 심한 대상이라 보는 게 좋습니다.

무언가 다른 데 골몰한 손님이 인사를 미처 듣지 못할 수도 있습니다. 일행과의 대화 속에 인사가 묻힐 수도 있습니다. 그러니 슛을 더 여러 번

던질 수 있다면 그만큼 점수를 기대할 수 있지 않을까요? 5회의 인사 중에서 3회만 제대로 듣게 되더라도 고객은 '아, 이 사람은 나를 진심으로 대해주는구나.' 하고 느끼게 됩니다. 서비스가 좋은 직원은 대부분 '감사 인사'를 잘 구사하는 사람입니다. 주위를 한 번 잘 관찰해 보시기 바랍니다.

같은 '감사의 말'이라도 앵무새처럼 똑같이 반복하기보다는 몇 가지 변형을 주어서 마음을 실을 수 있다면 좋습니다. 고객이 돌아갈 때에는 "감사합니다. 또 찾아주세요.", 주문을 받을 때에는 "고맙습니다. 바로 준비하겠습니다." 등등 자연스럽게 감사를 전하면 됩니다. 미소를 머금은 자연스러운 표정도 빠뜨려선 안 되겠지요.

우선 연습 삼아 한 명의 고객에게 '감사의 말 5회'를 전해 보세요. 다음 고객에게 할 때에는 인사말 표현에 약간의 변화를 줘봅니다. 마침내 자연스러운 표정과 함께 능숙하게 감사의 인사를 전달할 수 있게 되면, 당신을 만나는 고객 누구라도 상당히 만족스러운 서비스를 받았다고 느끼게 될 것입니다.

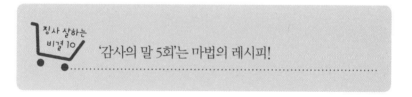

'감사의 말 5회'는 마법의 레시피!

11

내 기분까지 일일이 알아주다니, 대단한데?

사람들은 제각기 다릅니다. 성격이 급한 사람도 있고, 자기중심적인 사람도 있으며, 소심한 사람도 있고 직설적인 사람도 있습니다. 여러분 역시 그럴 것입니다. 하지만 만약 서비스를 제공하는 입장에 있다면, '내 성질'대로 고집해선 곤란합니다. 상대인 고객의 방식에 가급적 맞추려 노력하는 것이 서비스업의 본질이자 고충입니다. 가능하면 고객의 패턴에 맞춘다고 생각하는 게, 고객 응대 과정에서 발생할 수 있는 잡음뿐 아니라 이 일을 하는 나 자신의 스트레스를 줄이는 데도 도움이 됩니다.

성격이 급한데다 바쁜 용무까지 있는 고객이라면, 직원이 느릿느릿 느긋하게 일처리 하는 모습을 보면 부아가 치밀 것입니다. 내 입장에선 정중하게 하려는 것인데, 고객은 늑장대응으로 받아들이고 화를 냅니다.

반대로 느긋한 성격인데다 특별히 볼 일도 없어서 천천히 즐기면서 둘러보고 싶은데, 직원이 바쁘게 재촉하며 고객을 채근한다면 이 역시 눈에 거슬릴 것입니다.

바빠서 동동거리는 고객, 반대로 무엇 하나 급할 게 없이 느긋한 고객이 보는 '매장의 풍경'은 전혀 다릅니다. 그러므로 이 둘을 똑같이 대한다면 반드시 불만을 느끼는 고객이 생겨나게 마련입니다. 그러므로 서비스 응대를 하기 전에는 상대가 어떤 성격이며 어떤 감정 상태인지를 먼저 파악해 보는 게 필요합니다.

물론 우리는 정신과 의사도 상담 전문가도 아닙니다. 대체 어느 부분을 보고 고객 심리를 파악할 수 있을까요? 그 힌트는 바로 고객과의 첫 대면 순간에 있습니다. 첫 대면에서 고객이 어떤 타입이며 지금 어떤 심리 상태인지 파악해야 합니다. 까다로울 것 같지만, 실제로 해 보면 그다지 어려운 일이 아닙니다.

우선 고객을 슬로우slow 타입과 패스트fast 타입으로 구분해 봅시다. 고객의 움직임이나 표정으로 어느 정도 읽어낼 수 있습니다. 판매 매장에서 상품을 빨리빨리 고르거나 어느 한 곳에 머물지 않고 재빨리 매장 안을 돌아다닌다면 일단 패스트 타입입니다. 음식점에서도 들어서자마자 자리를 찾으려고 여기저기 돌아다니거나 직원을 부르려 사방을 두리번거린다면 패스트 타입입니다.

반면 슬로우 타입은 한 가지 상품을 오래 살펴보거나 만져본 다음, 천천히 다른 상품 쪽으로 이동합니다. 식당에서 카운터 앞에 선 채 느긋하게 안내를 기다리거나 동행한 사람과 수다를 즐긴다면 이 역시 슬로우 타입입니다.

이렇듯 첫 대면에서 충분히 고객의 성향을 짐작할 수 있습니다. 여기서 더 능숙해지면 더 구체적인 파악을 할 수 있게 됩니다. 미국 드라마에 자주 등장하는 사립탐정이나 심리분석가만의 고유한 능력이 아닙니다. 주의 깊게 관찰하면 복장이나 소지품에서도 여러 정보를 얻을 수 있습니다. 일행들의 특징을 보고도 알 수 있고, 첫 마디 말이나 표정으로도 어느 정도 고객의 기분을 알 수 있습니다.

어떤 직원은 반문합니다. "우리가 무슨 초능력자도 아니고 경험 많은 베테랑이라면 모를까 어떻게 단박에 상대의 감정을 읽을 수 있단 말이에요?" 하지만 고객의 감정을 읽어내는 일이란 사실 경험보다는 '노력'에 달려 있는 경우가 많습니다. 전혀 경험이 없는 사람이라도 할 수 있습니다. 물론 처음 일을 시작할 때에는 긴장해서 심리적 여유가 없을지 모르지만, 어느 정도 업무에 익숙해지면 금세 감정을 읽어낼 수 있게 됩니다.

그렇다면 우리는 왜 이것이 어려운 일이라고 느끼고 있을까요? 그것은 바로 많은 이들이 '나의 일은 여기까지!'라고 스스로 한계 짓기 때문입니다. 실제로 충분히 해낼 수 있는데도 시작조차 하지 않습니다. 매뉴얼 대로만 성실히 하려는 사람, 선임이 가르쳐준 대로만 하려는 사람은 고객이 주는 힌트를 보지 않고 간과해버리기 쉽습니다. 고객이 들어오면 "어서 오세요." 하고 인사하라고만 배웠기 때문에, 고객의 감정을 헤아리는 노력은 불필요하거나 하지 않아도 된다고 여깁니다.

그러나 고객의 감정을 능숙하게 파악할 수 있게 되면, 그 다음에는 일이 훨씬 더 재미있어집니다. 고객의 감정 상태에 맞춰 서비스 방법을 조금씩 변화시킬 수 있기 때문입니다. 즐거워 보이는 고객에게는 더 환하게 웃으며 대합니다. 시간이 촉박한 고객에게는 신속하게 대응하는 게 우선입니다.

이것이 바로 역지사지易地思之의 경지이자, 고객이 원하는 것을 말하기 전에 제공하는 것의 출발입니다. 내가 고객의 감정과 동일시되어 그 사람 입장에서 원하는 것을 해주는 것입니다. 그리고 이렇게 서비스를 제공하면 거의 불만을 살 일이 없어집니다. 물론 간혹 감정을 잘못 읽어 역효과가 나는 경우도 있습니다. 하지만 그것을 두려워해서는 안 됩니다. 몇 번은 실패를 겪어야 성장할 수 있지요.

고객의 기분에 동조하며 대하면, 고객은 '이 사람은 내 마음을 알아주네.' 하고 무의식적으로 감흥하게 됩니다. 사람뿐 아니라 매장 전체에 대한 인상도 달라집니다. '거기 가면 말하지 않아도 내 기분을 헤아려준다', '왠지 기분 좋은 곳'이라고 느끼며 계속 찾게 될 것입니다.

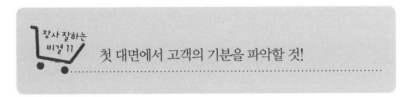

장사 잘하는 비결 11 　첫 대면에서 고객의 기분을 파악할 것!

12
바쁜 고객에게 너무 정성스러운 응대는 오히려 역효과!

대부분의 매장에서는 새로 들어온 직원을 대상으로 연수를 시키거나 정해진 업무 매뉴얼을 가르칩니다. 이는 경험이 없는 직원을 단기간에 일정 수준으로 끌어올리는 가장 좋은 방법입니다. 하지만 여러분이 손님이 되어 느꼈던 그대로, 매뉴얼만 중시해서 기계적으로 일처리를 하는 직원은 결코 손님을 기분 좋게 해주기 어렵습니다.

고객이 매장에 들어옵니다. 직원은 "어서 오세요."라고 매뉴얼대로 인사합니다. 하지만 그 직원은 나를 보지도 않거나 심지어 목소리에는 진심이 담겨 있지도 않습니다. 인사를 그냥 '던진다.'는 느낌이 듭니다. 딱히 서비스가 나쁘다고 할 수는 없지만, 제대로 대접 받았다는 기분은 들지 않는 상태. 이런 경험 있지 않았습니까?

이런 상태에서 어느 정도 업무에 익숙해지고 나면, 매뉴얼대로 일처리를 하는 데 더 능숙해집니다. 초보일 때 긴장하며 조심했던 일이나, 때때로 '내가 제대로 하고 있는 걸까?', '고객에게 불쾌감을 주지는 않는 걸까?' 등등 조바심 내며 자문했던 순간도 어느 새 사라지고 맙니다. '고객이 무엇을 느끼는가?'에 대한 성찰은 사라지고 '나는 내 할 바를 다하고 있어.' 하는 자만이 자리하고 맙니다.

하지만 진짜 고객이 원하는 것은 매뉴얼에 나와 있지 않습니다. 다시 말해 매뉴얼에 있는 내용은 어디까지나 출발선일 뿐입니다. 일에 익숙해져서 매뉴얼에 나와 있는 업무들을 어려움 없이 해낼 수 있게 되었을 때, '나는 내 할 바를 다하고 있어.' 하고 자만해버린다면 고객과의 사이는 점점 더 벌어지게 됩니다.

많은 이들이 반문합니다. 매뉴얼과 다른 서비스, 매뉴얼을 넘어서는 서비스란 도대체 무엇이냐고 말입니다. 정해서 규정으로 적어둘 수 없으니 그 범위는 매우 넓을 것입니다. 그런데 매뉴얼대로 하는 것과 매뉴얼을 바탕으로 하되 그것을 넘어서는 서비스를 하는 것의 차이는 바로 앞서 설명한 '고객의 감정을 헤아리는 것'에서 시작됩니다.

고객의 표정과 말투, 상황을 보고 기분을 읽어내는 것이 중요합니다. 포커페이스처럼 표정을 읽을 수 없는 고객도 드물게는 있겠지만, 대부분의 고객들은 감정이 얼굴에 드러나게 마련입니다. 그 감정을 읽고서 어떤 서비스를 제공할지를 결정합니다. 매뉴얼에 나와 있는 서비스가 기본이지만, 고객의 기분에 따라 매뉴얼에 있는 것을 과감히 생략하거나 뛰어넘어도 큰 문제는 없습니다.

이제껏 수만 명의 직원들을 만나본 결과, 절대 매뉴얼을 벗어나지 못하는 사람들은 대개 다음의 세 타입들이었습니다.

① 매우 성실해서 정해진 규칙을 벗어나선 안 된다고 생각하는 사람

② 주어진 일만 제대로 해내면 된다고 생각하는 사람

③ 급여를 받는 만큼만 하면 된다고 생각하는 사람

실제로 ②과 ③은 마음가짐만 변화시키면 행동이 바뀔 수 있어 오히려 쉬운 상대입니다. 그런데 의외로 바꾸기 어려운 부류가 바로 ①입니다. 정해진 대로 성실하게 해야 한다는 의지가 너무도 강해서 매뉴얼을 벗어난 행동을 스스로가 용납하지 못합니다. 그때 저는 두 가지 방법을 썼습니다.

첫째, 매뉴얼의 목적이 무엇인지 깊이 생각해 보도록 유도합니다. 매뉴얼은 회사가 잘 굴러가기 위해 존재하는 게 아닙니다. 고객에게 좀 더 질 높은 서비스를 제공하기 위한 일관된 원칙을 전 직원에게 주지시키기 위해 존재합니다. 그런데 어떤 고객에게는 전혀 도움이 되지 않는데도 매뉴얼만을 고집하는 것은 주객이 전도된 일입니다.

둘째, 매뉴얼 자체에 융통성을 부여하는 것이 좋습니다. 매뉴얼이 무엇은 해도 되고 무엇은 해선 안 되는지를 자로 잰 듯이 규정하지 않는 것이 좋습니다. 지켜야 할 최소한의 것을 제외하고는 직원 스스로가 여유롭게 변형할 수 있는 여지를 주어야 합니다.

이는 서비스 업종 전체의 트렌드이기도 합니다. 엘리베이터에 안내 직원이 동승해서 90도로 깍듯이 인사하던 시대도 있었습니다. 그런 서비스를 지금 어느 매장에서 받는다고 생각하면 기분이 이상할 것입니다. 고

객을 존중한다는 느낌을 받기보다는 오히려 놀린다는 느낌마저 들 수도 있습니다. 그러므로 매뉴얼은 딱딱하게 모든 걸 규정하기보다 어느 정도의 기본 가이드로서 작용하게 할 필요가 있습니다. 판단 기준은 '지금 내 앞에 있는 고객의 입장에서 적절한가?'가 되어야 하며, 그를 위해 융통성을 남겨두어야 합니다.

한 남성 의류매장에 손님이 다급히 뛰어 들어왔습니다. 지금 당장 정장이 필요하다고 말하는 고객은 누가 봐도 급한 용무가 있는 게 틀림없어 보입니다. 이 경우 정해진 프로토콜보다 중요한 것은 급한 고객의 상황에 맞춰 신속하게 대응하는 것입니다. 하지만 매뉴얼에는 '우리 브랜드 제품을 판매할 때에는 늘 정해진 포장지와 리본을 사용해 정성스레 포장한다.'고 되어 있습니다.

신용카드를 들고 발을 동동 구르는 고객 앞에서, 직원은 여느 때와 마찬가지로 아주 정성스럽게 옷을 포장했습니다. 고객은 지금 당장 급하니 정장에 어울리는 와이셔츠와 넥타이까지 골라 빨리 계산해달라고 요구했습니다. 하지만 직원은 끝까지 "저희는 규정상 이렇게 포장해드려야 합니다." 하고 정해진 룰을 고수합니다.

이 경우 매뉴얼을 잘 지킨 이 서비스가 과연 훌륭하다고 할 수 있을까요? 고객의 표정이나 행동을 보고 대응 속도가 가장 중요하다고 판단된다면, 매뉴얼에 정해진 서비스를 조금 바꾸어 제공해야 합니다. 만약 이 직원이 매뉴얼을 넘어서는 서비스를 제공하려 했다면, 고객이 원하는 정장과 와이셔츠, 넥타이를 빨리 골라 간단하게 담아드리고 본래 제공하는 포장 재료를 같이 넣어드렸을 것입니다. "저희 브랜드에서는 이렇게 포장을 하는 게 규정입니다만, 급해 보이시니 저희 포장지와 리본을 동봉할까요?" 하고 물으며 말입니다.

고객의 상황에 맞춘 서비스야말로 고객이 가장 만족하는 서비스입니다. 매뉴얼대로 행동하는 것이 아니라, 고객의 표정과 행동을 보고 판단하는 것이 가장 중요합니다.

 교과서대로 하는 것보다 고객 상황에 맞춘 것이 정답!

13
이런 작은 변화까지
알아봐주다니 기분 좋아!

자주 방문하는 매장에서 가장 서운했던 순간이 언제였느냐고 물었을 때 한 고객은 이렇게 대답해주었습니다.

"뭔가 달라진 게 있는데도 알아봐주지 못할 때 서운했습니다."

고객에게 생긴 변화를 알아차린다는 것은 그만큼 고객에게 관심을 갖고 있다는 뜻입니다. 아주 사소한 것이라도 상관없습니다. 고객이 이전에 방문했을 때와 약간 달라졌다는 것을 감지했다면, 그 감지한 것을 바로 적극적으로 고객에게 표현해야 합니다. 뭘 말해야 할지 잘 모르겠다면, 우선 헤어스타일, 옷 입는 스타일 등 일상적인 영역에서 뭔가 달라진 것이 없는지 잘 관찰해 봅니다.

비단 단골손님에게만 해당되는 게 아닙니다. 처음 방문한 고객이라 해도 뭔가 특이하고 새로운 것이 포착된다면, 그것을 화제 삼아 말을 걸어

볼 수 있습니다. 사람들은 남이 자신에 대해 관심을 가져줄 때, 가장 흥미를 느낍니다. 상대방 입장에서는 별일 아닌 것조차 당사자에게는 매우 큰 의미를 지닐 수 있기 때문입니다.

한 자동차 판매 대리점에서 생긴 일입니다. 상담을 하려고 방문한 고객이 책상 위에 휴대전화를 올려두었습니다. 발매된 지 얼마 안 된, 얇고 세련된 신제품이었습니다. 상담을 맡은 담당자는 본론으로 들어가기에 앞서 휴대전화 이야기를 먼저 꺼냈습니다.

"와, 전화기 멋지네요."

칭찬의 말로 시작해 계속 대화를 이어갔습니다.

"제가 알기론 이 전화기 나온 지 얼마 안 됐을 텐데요. 어떻게 구하셨어요?"

새로 산 휴대전화를 알아봐주자 고객은 절로 기분이 좋아져 자연스레 이야기를 늘어놓았습니다. 부드러운 오프닝으로 인해 분위기는 이내 좋아졌고, 어느 새 자동차 구매 계약으로 이어졌습니다.

새로 물건을 샀다든지 헤어스타일을 일시적으로 바꾸는 변화도 있지만, 뭔가 꾸준히 노력을 기울인 변화도 있을 것입니다. 운동을 해서 서서히 몸무게를 감량 중이라거나, 늘 격식을 차린 정장 차림을 고수하다가 컬러풀하고 스포티한 분위기로 바꾸었다거나, 담배를 줄이려고 노력한다거나 피부 관리를 열심히 받아서 눈에 띄게 좋아졌다거나 하는 식으로 서서히 드러나는 변화도 있습니다. 이런 경우 자신이 노력한 결과로 일어나는 변화를 알아차려주면, 고객은 더 크게 감흥하게 될 것입니다. 심지어 가족이나 가까운 지인들조차 알아차리지 못하는 변화를 알아봐준다면 말이지요.

이뿐만이 아닙니다. 객장이나 매장에 있는 고객의 변화를 알아차리는 것도 매우 중요합니다. 좀 전까지도 웃는 얼굴이던 고객이 갑자기 화난 표정으로 바뀌지는 않았나요? 안내한 자리에서 일어나 여기저기 두리번거리는 고객은 없나요? 이러한 변화에는 반드시 '고객이 보내는 메시지'가 숨어 있습니다. 따라서 지금 현장에서 드러나는 고객의 달라진 모습에도 충분히 관심을 기울여야 합니다.

고객에게서 뭔가 달라진 것을 포착했지만, 내색하지 않는 편이 좋다고 판단하는 경우도 있습니다. 혹시라도 심기를 건드리면 어떡하나 해서 입을 다무는 쪽을 택하는 것이지요. 사적인 일이라고 여겨서 고객에게 실례가 될까봐 좀처럼 말을 걸지 못하기도 합니다. 서비스 업종에 종사하는 사람들조차 이런 경우가 많아 매우 안타깝기 짝이 없습니다. 예민한 관찰력으로 고객의 변화를 잘 알아차려놓고도, 그 기회를 날려버리는 것이나 다름없기 때문입니다.

혹시나 걱정된다면 한 가지만 지키면 됩니다. 바로 '긍정적인 말'만 전하는 것입니다. 고객의 변화를 알아차려 대화의 실마리로 삼는 자체를 피할 일이 아니라, 그 대화의 실마리가 자칫 시비조로 들리거나 부정적인 뉘앙스를 풍기지 않도록 주의하기만 하면 된다는 말입니다. 그렇게 하면 낭패를 피할 수 있습니다.

고객이 새 시계를 차고 왔습니다.

"그 시계 무척 잘 어울리시네요.", "상당히 비싸 보이는데요?"

이런 말, 즉 긍정적인 표현은 상대를 기분 좋게 만듭니다. 반면 특별히 긍정적인 의미를 띠지도 않으면서 자칫하면 상대의 기분을 상하게 할 수도 있는 표현도 있습니다.

"그 시계 얼마 주고 사셨어요?"

이런 표현은 긍정도 부정도 아닙니다. 하지만 고객 중에는 '왜 그런 걸 묻고 그래?' 하고 기분 나빠할 수도 있는 표현입니다.

또 하나의 포인트는 건네는 말의 주인공이 고객이어야 한다는 점입니다. 건네려는 말 앞에 화살표가 있다고 가정하고, 그 화살표가 고객을 향하고 있는지 판단한 다음 말을 건네는 연습을 해 보는 겁니다.

"정말 잘 어울립니다."

이 말의 화살표는 고객을 가리킵니다.

반면 "얼마 주고 사셨어요?" 이 앞에 붙은 화살표는 얼핏 고객을 향하는 것 같지만 실제로는 물건을 가리킵니다.

이렇듯 '긍정적인 말', '고객을 주인공으로 하는 말'을 사용하면 실패를 피할 수 있습니다.

고객에게 생긴 작은 변화를 알아봐주는 것, 그리고 그것을 표현하는 재치 있는 한 마디로 고객이 느끼는 인상은 크게 달라집니다. 그러려면 고객을 지속적으로 관찰하면서 변화를 찾아내려 하는 노력이 필요하겠지요. 변화를 발견하면 망설이지 말고 표현을 건넵니다. 고객을 기쁘게 할 만한 사소한 변화에 대한 칭찬은 자연스러운 대화로 발전해나갈 수 있습니다.

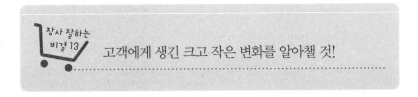

장사 잘하는 비결 13

고객에게 생긴 크고 작은 변화를 알아챌 것!

14

명품 매장에서나 받을 법한 서비스에 감동했어!

한 고급 레스토랑을 찾았을 때의 일입니다. 직원은 친절하게 테이블로 우리 일행을 안내해주었습니다. 하지만 그때 우리 일행은 저마다 가방과 짐을 들고 있었는데 직원은 그 짐들에는 전혀 신경을 쓰지 않았습니다.

"이쪽 테이블 괜찮으십니까?"

으레 하는 대로 물어보고는 메뉴를 두고 그대로 가버렸습니다. 우리는 짐을 어디다 두어야 할지 몰라 당황해 하다가, 결국 빈 의자 하나에 모두 얹어 쌓아두었습니다. 직원은 이후로도 몇 번이나 서빙을 위해 우리 테이블로 다가왔지만, 끝까지 짐에 대해서는 한 마디 말도 없었습니다.

음식도 맛있고 분위기도 좋았지만, 옥에 티와도 같은 불편한 마음이 가시지 않았던 게 사실입니다. 분명 직원은 '할 일'에 대해 철저히 교육 받았을 것입니다. 정해진 절차대로 일을 흠 잡을 데 없이 해냈습니다. 하지만 근본적으로 따지고 들어가면 '배려'에 충분히 주의를 기울였다고 보기는 힘들어 보입니다. 직원만이 아니라 그 레스토랑 자체가 짐을 들고 오는 손님의 불편함에 대해 제대로 감지해 대처하지 못하고 있었던 것입니다.

반면 객 단가 15,000원 정도 하는 평범한 수준의 파스타 전문점에 갔을 때의 일입니다. 우리를 안내해주던 직원은 내 손에 가방이 들려 있는 것을 보고는 곧바로 별도로 마련된 바구니를 들고 와서 가방을 올려두도록 해주었습니다. 직원은 테이블로 안내하는 내내 계단이나 문턱을 조심하라고 알려주기도 하고, 식사를 하는 동안에도 수시로 물 컵과 사이드 디시를 채워주는 등 고객을 배려하고 있다는 느낌을 강하게 받을 수 있었습니다.

단가도 비싸고 인테리어도 훌륭하고 꽤나 격식을 차린 고급 매장인데도, 사소한 서비스에 철저하지 못해 다른 노력을 다 깎아먹는 경우가 있습니다. 반면 중저가를 취급하는 평범한 매장인데도 세심한 서비스를 제공함으로써 기품을 풍기는 곳도 있습니다. 고객이 체감하는 서비스의 가치가 어느 쪽이 더 높을지, 고객의 입장이 되어 생각해 보면 판단이 가능할 것입니다. 또 어느 쪽 매장을 더 꾸준히 방문하게 될지도 짐작할 수 있을 것입니다.

외향과 품질, 풍기는 이미지도 중요하지만, 고객의 발길이 닿는 잘되는 매장이 되려면 철저히 고객의 입장에서 서비스하는 것이 핵심입니다.

아무리 최고급 수입재질로 마감한 화려한 매장이라도, 고객이 든 짐과 같이 고객 입장에서 중요한 문제에 제대로 응대하지 못한다면 빛 좋은 개살구에 불과합니다. 겉치레만 중요하게 여기는 매장은 고객으로 하여금 물과 기름처럼 부자연스러운 느낌을 갖게 하며, 화려하기만 할 뿐 불편하고 뭔가 이물감이 느껴지는 곳이라면 자주 찾고 싶을 리 없습니다. 고객의 짐과 같은 부분, 즉 눈에 잘 띄지 않지만 접객을 할 때 배려해야 할 요소는 수도 없이 많습니다. 그러므로 고객 접객을 하는 매장이라면 이런 요소를 꼼꼼히 체크하고 모자란 부분은 재빨리 개선함으로써 서비스 질을 꾸준히 향상시키는 노력을 기울여야 합니다.

입구에서 고객의 코트를 받아 맡아줄 뿐 아니라, 돌아갈 때에는 직접 입혀주는 곳도 있습니다. 고객의 짐을 넣어두는 바구니를 비치해두고 자유롭게 이용할 수 있도록 한 곳도 있습니다. 일단 빈 의자 위에 짐을 놓도록 안내한 다음, 음식물이 묻지 않도록 커버를 씌워주는 레스토랑도 있습니다. 한 치과는 입구에서 신발을 벗고 슬리퍼를 신을 때 짐을 받아서 보관했다가 진료가 끝난 다음 돌려줍니다. 이런 서비스를 제공하는 곳은 결코 비싼 가격대의 고급 매장만이 아닙니다.

무엇이 '고급'의 기준인지 사람마다 판단의 잣대는 다르겠지만, 적어도 누구라도 인정할 만한 높은 품격의 매장이라면 고객이 지불하는 금액 범위 내에서 최대한의 서비스를 제공해야 마땅할 것입니다.

10만 원을 받으면서 1만 원어치 서비스를 제공한다면, 고객은 손해를 봤다고 느낄 것입니다. 반면 1만 원을 냈는데 3만 원 가치의 서비스를 받았다면 고객은 매력을 느껴 다시 찾게 될 것입니다.

서비스에는 원가가 얼마 들지 않습니다. 기존 직원이 조금 더 신경 쓰거나 혹은 약간의 투자로 장기간 활용할 수 있는 것이 대부분입니다.

직원 대상 연수에서 저는 입이 닳도록 말해왔습니다.

"고객의 짐 하나에도 신경을 쓰는 배려로 여러분 자신의 가치가 더욱 올라갑니다."

그러고는 고객의 짐에 대해 특별히 신경 쓰지 않은 이유를 물어보았습니다. 대개 돌아오는 대답은 '뭐라 응대하기 전에 이미 고객이 빈 의자에 짐을 올려놓았다.' 혹은 '별다른 요청을 하지 않아 괜찮을 것이라 생각했다.' 등이었습니다.

'요구하지 않으면 제공하지 않는다?' 이것이야말로 서비스 업종에서는 난센스입니다.

고객의 80퍼센트는 불만이 있어도 말하지 않습니다. 뭔가 요구할 것이 있어도 직원이 알아서 챙겨주지 않으면 요청하지 않습니다. 고객이 요청하지 않았기 때문에 어떤 행동도 취하지 않았다면, 그냥 응대 직원이 없는 이른바 셀프 서비스를 하는 편이 더 낫지 않을까요?

직원은 매장이 판매하는 상품이나 서비스를 고객에게 제대로 전달하고 제공하는 중간 다리 역할을 해야 합니다. 이쪽 다리가 짧으면 거기에 덧붙여 고객에게 가 닿아야 하고, 고객이 내민 손이 이쪽에 닿지 않으면 어떻게든 그 심중을 읽어서 가려운 곳을 긁어주어야 합니다. '괜찮겠지⋯.'는 서비스를 하는 직원이 품지 말아야 할 가장 위험한 사고방식입니다.

장사 잘하는 비결 14

고객이 불편해할 만한 아주 작은 것까지도 배려할 것!

15

모처럼 새로 사려고
마음먹었는데……

고객의 질문은 그 자체로 '기회chance'입니다. 아니, 비단 질문만이 아닙니다. 고객의 입에서 나오는 모든 말은 사실 '기회'입니다. 고객과 이야기를 나누다보면 매우 사소한 질문처럼 여겨지는 대목이 있습니다.

"이건 어떻게 만든 건가요?", "이게 뭐예요?"

대수롭지 않고 깊게 관심을 갖고 있지도 않은 듯 스쳐지나가는 질문들. 그러나 고객 서비스에 능한 사람들은 이런 질문을 절대 놓치지 않습니다.

"이건 소재가 뭔가요?"

이렇게 묻는 고객에게 단순히 "아 네, 폴리에스테르 80퍼센트, 면 20퍼센트입니다." 하는 식으로 답하고 끝내지 않습니다. 단 하나의 질문을 가지고도 자연스럽게 다양한 대화로 발전시켜나갑니다. 예를 들어 이런 식이지요. "아 네, 이 제품은 폴리에스테르 80퍼센트, 면 20퍼센트로 만들어서 세탁이 편리한 장점이 있습니다. 반면에 비슷한 디자인의 이 제품은 구김이 좀 생기기는 하지만 마 100퍼센트로 되어 있기 때문에 굉장히 시원합니다."

이런 식으로 화제의 범위를 더욱 넓혀 갑니다. 고객이 던진 하나의 질문 속에는 고객의 관심사나 흥미를 포착해낼 수 있는 힌트가 숨겨져 있습니다. 매장을 방문한 고객은 제품의 특징을 잘 파악하고 품질과 값을 잘 판단해 실용적인 구매를 해야 한다는 압박감을 느끼게 마련이므로, 질문 자체의 뉘앙스는 퉁명스럽거나 무신경한 듯 느껴질 때가 많습니다. 하지만 그냥 스쳐지나가지 않고 뭔가를 질문한다는 자체가 해당 제품이나 우리 매장 상품에 관심이 생겼다는 뜻입니다. 그러므로 그 작은 신호를 놓쳐서는 곤란하겠지요.

고객의 말에 응대할 때에는 그 속에 숨어 있는 기분을 고려해 보아야 합니다. 그렇지 않으면 낭패를 보는 경우가 생길 수 있습니다.

한 신발 매장에서 있었던 일입니다.

"이 구두 여기서 산 건데, 비 오는 날 신었더니 변색이 돼서……."

고객은 약간 불평을 하는 투로 말을 걸어왔습니다. 그런데 고객을 응대하던 직원이 짐짓 나무라는 어투로 응대했습니다. "비싼 건데 아깝네요. 좀 주의해서 신으셨으면 좋았을 텐데요."

자사 브랜드라 아까운 마음도 들고 비싼 구두를 망쳤다는 고객의 불평에 맞장구를 쳐주는 기분으로 건넨 말입니다. 하지만 그 말은 결과적으로 고객의 기분을 상하게 만들고 말았습니다. 고객은 새로 구두를 사야하는 이유를 스스로에게 정당화하기 위해 혼잣말처럼 한탄을 한 것입니다. 아울러 새로 구두를 살 때 유의해야 할 점에 대한 정보를 얻고 싶은 마음도 표현된 것입니다. 그런데 직원이 갑자기 자신을 꾸짖는 듯 말을 하자, 사려던 마음이 사라져버리고 말았습니다.

고객이 뭔가 말을 했을 때는 비판하지 말고 일단 받아줍니다. 앞서 캐치볼의 비유로 설명했듯이 고객이 설령 폭투를 했다고 해도 받아주는 것이 우선입니다. 자기 의견을 고집하거나 강요하거나, 고객의 의견을 부정하고 무시하는 것도 피해야 할 대응 방법입니다.

7년 정도 한 브랜드 자동차를 애용했던 고객이 새 차를 사려고 타 브랜드 대리점을 방문했을 때의 일입니다.

"7년 정도 M브랜드 자동차를 탔습니다."

고객이 말을 꺼내자마자 직원이 그 회사 자동차를 무시하는 투로 대답했습니다.

"아, 거기요? 7년이라면 엔진에서 소음도 심하게 나고 부속도 금세 노후 됐을 텐데 괜찮으셨어요?"

걱정해주는 듯 들리지만 실은 '그런 후진 자동차를 어떻게 7년이나 탔느냐.' 하고 타박하는 것이나 다름없었습니다. 그 고객은 이미 이 시점부터 이 매장에서는 절대 차를 사지 않겠다고 결심했다고 합니다. 무엇이 됐든 고객이 내린 선택은 고객의 자유입니다. 그것을 부정하면서까지 내가 판매하는 제품을 돋보이게 할 이유는 없습니다.

고객의 입장이 되어보면 충분히 이해할 수 있습니다. 자신이 소중하게 여기는 무언가를 다른 사람이 폄하해버리면 기분이 좋을 리 없습니다. 모처럼 큰돈을 들여 새로 구입하려 마음먹었는데, 잔뜩 부정적인 말을 듣고 강요받는 기분이 든다면 상쾌한 기분에 재를 뿌리는 것이나 다름없습니다.

이제껏 실패사례만 보았지만, 당연히 성공사례도 많습니다. 한 가방 매장에서의 일입니다. 꽤 고급 여행 가방 브랜드를 취급하는 곳이었습니다. 30대 후반쯤 되어 보이는 평범한 차림의 남성이 갑자기 들어와서 매장을 휙 둘러본 다음 다급하게 물었습니다.

"지금 출장 나와 있는데 갑자기 여행 가방이 고장 나서 말이죠. 참 낭패인데 이거."

직원은 고객의 말을 듣고, 고장이 잘 나지 않는 튼튼한 가방을 최우선적으로 추천했습니다. 다른 사람들이라면 고객의 차림새나 수입 수준 등을 판단해 이것저것 질문을 던지거나, 넌지시 '여기 제품은 당신이 살 만한 가격대가 아니다.'라는 뉘앙스를 풍기는 말을 하며 간을 보았을 테지만, 이 직원은 다급한 고객의 요구만을 고려했습니다. 매장에 진열된 가방 중에서 가장 견고한 것을 골라 보여드렸습니다. 매장 내 최고가 제품이라고는 할 수 없지만 400만 원가량 되는 것이었습니다.

그런데 고객은 의외로 순순히 가방을 구매했습니다. 재차 제일 튼튼한 것이 맞느냐고 확인할 뿐, 가격은 개의치 않았습니다. 현금으로 계산까지 마친 고객은 직원에게 말했습니다. "다행입니다. 시간이 없었는데 바로 튼튼한 가방을 골라줘서 샀어요."

알고 보니 그 고객은 자수성가한 기업 경영자였습니다. 타지에 출장을 나왔다가 갑자기 여행 가방이 고장 나는 바람에 곤란해졌고, 한 달에만 수차례 출장을 다녀야 하는 상황이기 때문에 가격이나 외향을 따지기 전에 튼튼한 가방이 무엇보다 급히 필요했던 것입니다.

그 직원은 고객이 원하는 키워드를 제대로 파악했기 때문에, 짧은 시간에 고액의 상품을 팔 수 있었습니다.

이렇듯 고객이 던진 질문에는 여러 사정과 생각이 담겨 있습니다. 그 것을 얼마나 빠르고 정확하게 파악하는가에 따라 고객의 만족도는 달라질 것입니다. 또한 고객의 말에는 부정이나 비판을 하지 말고, 일단 수용한 뒤 긍정적인 대답을 돌려주는 것이 중요합니다. 바로 여기에 우리가 원하는 기회가 자리하고 있습니다.

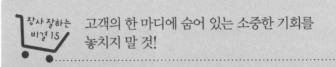

장사 잘하는 비결 15. 고객의 한 마디에 숨어 있는 소중한 기회를 놓치지 말 것!

16
대화가 잘 풀리면
지갑은 저절로 열린다

접객 서비스를 잘하는 기본은 '듣기'를 잘하는 것에 있습니다. '저 사람은 손님 기분을 참 잘 맞춰.' 하는 평가를 받는 사람을 잘 관찰해 보면, 대개 듣기를 잘한다는 것을 알 수 있습니다. 듣기를 잘하는 사람의 특징은 듣는 모습에 다채로운 변화를 준다는 점입니다. 이야기하는 사람이 무의식적으로 기분이 좋아져 말을 계속 이어가게 해주는 것이지요.

반면, 듣기에 서툰 사람은 상대의 이야기를 중도에 잘라버리거나 시종일관 같은 표정으로 고개를 주억이기만 합니다. 이야기하는 사람 입장에서는 '저 사람이 내 얘길 진짜 듣고 있는 거야?' 하는 의아함이 들고, 이야기를 하면 할수록 왠지 김이 빠지는 기분입니다.

고객과의 대화가 순탄하게 흘러가지 못하다고 느낀다면, 상대의 얘기를 듣는 나의 태도가 지나치게 딱딱하지 않은지 확인해 볼 필요가 있습니다. 반응이 단조롭고 획일적이면, 말하는 사람은 의욕을 점점 잃게 됩니다.

고객이 컴퓨터를 새로 샀는데 일주일 만에 고장이 나서 판매 매장에 들고 왔습니다. 신제품이 금세 고장 난 것 자체로도 충분히 불만인 상태입니다. 마침내 순번이 되어 자세히 상황 설명을 하던 고객이 갑자기 분통을 터뜨립니다.

"이봐요. 지금 내 얘길 듣기나 하는 겁니까?"

그도 그럴 것이 직원은 고객이 얘기하는 내내 "그렇습니까?", "그러셨어요?" 하고 획일적인 대꾸만 반복했던 것입니다. 성의 없는 대꾸에 고객은 점점 화가 나기 시작했습니다. 직원이 일부러 그런 것은 아니겠지만, 결국 고객의 반감을 사고 클레임은 더욱 커져버리고 말았습니다.

이런 단조로운 반응은 의욕이 없는 것처럼 느껴집니다. 아무리 마음은 그렇지 않더라도 말입니다. 또한 비슷한 대답을 반복하는 것은 상대의 얘기를 진심으로 듣고 있지 않다는 느낌을 줍니다. 만약 이 직원이 "그러셨습니까!", "네….", "그러셨군요.", "죄송합니다." 등 다양한 표현을 적절히 구사하며 고객을 응대했다면, 분명 상황은 크게 달라졌을 깃입니다. 같은 서비스를 제공하더라도 직원의 '듣는 자세'가 어떠하냐에 따라 매장의 인상이 바뀝니다. 특히 실제로는 열심히 일하고 있고 열성으로 고객을 응대하는데도 사소한 반응 하나로 고객의 불만을 사게 된다면, 이는 매우 안타까운 일이 아닐 수 없습니다.

반대로 적극적인 반응으로 성공적인 결과를 불러온 사례도 있습니다. 한 시계 매장에 남성 고객이 들어왔습니다. 고객은 여러 사적인 얘기들을 늘어놓으며 상품을 고르기 시작했습니다. 상품에 대해 설명할라치면 이내 다시 자기 얘기를 하느라 여념이 없었습니다. 초면인데다 긴 시간 동안 별로 관심도 없는 자질구레한 신변잡기를 늘어놨기 때문에, 솔직히 누구라도 귀찮은 기분이 들 만한 상황이었습니다. 이 사람이 도대체 물건을 살 생각이 있기는 한가 싶은 생각마저 듭니다.

그런데도 직원은 싫은 내색 하나 없이 열심히 들어주었습니다. 처음 한동안은 고객의 말에 집중해 경청하다가, 어느 시점부터는 "역시 그랬군요.", "아~." 하고 고객의 말에 맞장구를 쳤습니다. 때로는 고객의 이야기에 열을 올리며 "그래서 어떻게 됐나요?!" 하고 흥미로워하는 반응을 보였습니다. 마침내 이야기가 클라이맥스에 달했을 무렵 고객은 당시를 회상하며 말했습니다. "정말 대단했었죠." 그러자 직원은 "정말 대단한 일이네요." 하고 고객의 말을 자연스레 반복하며 같이 탄복해주었습니다.

거의 삼십 분이나 쉴 새 없이 이야기하던 고객은 마치 정신과 의사에게 잔뜩 고민을 털어놓은 환자마냥 개운해진 표정으로 쑥스러운 듯 말했습니다.

"내가 뭐에 홀렸나? 이거 너무 내 얘길 길게 한 거 아닌가 모르겠네요."

그러고는 시가 1,000만 원 상당의 시계 두 개를 그 자리에서 선뜻 구매했습니다. 알고 보니 그 손님은 중견기업 경영자로 여러 업무 스트레스에 시달려왔다고 합니다. 기분이 좋아지면 그 정도 금액을 쇼핑에 쓰는 것쯤은 흔한 일이라고 했습니다. 그는 자신을 융숭하게 대접해준 직원에게 주는 선물이라며 기분 좋게 물건을 구입했습니다.

고객의 기분을 좋게 만든 것은 대단한 접대 스킬도 아니고 고급스러운 접객 환경도 아니었습니다. 오로지 직원의 능숙한 맞장구뿐이었습니다. 이 직원은 고객을 응대해야 할 사무적인 대상으로 보지 않았습니다. 친구나 선배의 이야기를 들어주듯이 편안한 마음으로 자연스레 대화를 이어갈 수 있도록 흐름을 유지시켰습니다. 그리고 그로 인해 고객의 만족도는 매우 높아졌습니다. 더욱이 늘 최고급 서비스에 익숙한 고객으로서는 지나치게 격식이나 형식에 매인 접객보다는 이렇듯 친근하고 상대를 배려하는 태도가 더욱 믿음을 주었음에 분명합니다.

능숙한 맞장구는 그리 어렵지 않습니다. 상대의 이야기를 경청하면서 적절한 시점에 추임새를 넣는 것부터 시작하면 됩니다. 단, 기계적인 태도로 건성건성 하지 않고, 감정을 공감해주는 긍정적인 말로 호응합니다. "그랬군요.", "어떻게 그런 일이 생겼을까요?", "대단하네요." 등등.

그리고 상대의 말을 거울에 비춘 듯 반복해주는 미러링mirroring 기법도 도움이 됩니다. 즉 상대가 자신의 감정 상태를 말하면, 예를 들어 "정말 화가 났어요.", "깜짝 놀랐어요." 등의 표현을 하면, 그 표현을 그대로 반복함으로써 공감해주는 것입니다. "정말 화가 났었겠네요.", "그러게요. 깜짝 놀라셨겠네요."…….

이 호응 방법은 지금 당장 누구든 시작할 수 있습니다. 자연스럽고 다양한 반응을 익히려면 약간의 경험이 필요하겠지만, 일단 시작해 보면 점점 익숙해질 것입니다. 만일 주변에 도와줄 사람이 있다면 내 반응이 어색해 보이지는 않는지 혹은 너무 딱딱해 보이지 않는지 체크 받는 것도 좋은 방법입니다. 또한 비디오로 자신의 모습을 녹화해 본다면 제3자의 시점에서 객관적으로 분석해 볼 수 있습니다.

능숙한 호응 하나로 나 자신의 이미지뿐 아니라 매장 전체에 대한 평가를 송두리째 바꿔놓을 수 있음을 생각해 보면, 고객과의 대화와 맞장구의 힘은 결코 무시할 만한 게 아닙니다. 대화중에 적절히 맞장구를 쳐줌으로써 나의 진심을 표현할 수 있다면, 충분히 좋은 인상을 안겨줄 수 있습니다.

고객의 마음을 사로잡는 '호응의 기술'에 대해 이제까지 관심을 기울이지 않았다면, 이제부터라도 좀 더 깊이 생각해 보시기 바랍니다.

 장사 잘하는 비결 16 **다채로운 맞장구로 고객을 즐겁게 만들 것!**

17
때로는 단 한 마디가
고객의 마음을 흔든다

흔히 '서비스 질의 차이'를 강조하곤 합니다. 그런데 이 서비스의 질은 고객에게 상품을 건네는 '순간'에도 결정됩니다. 이 차이란 '그냥' 건네느냐 아니면 '말 한 마디와 함께' 건네느냐 하는 작은 요소에 의해 좌우됩니다.

제품 혹은 서비스를 판매하면 그것으로 끝이라고 생각하는 사람이 있습니다. 고객이 "이걸로 주세요."라고 말한 순간에는 웃는 얼굴로 응대하지만, 계산을 끝내고 나면 사무적으로 돌변합니다. 제품을 둘러보거나 서비스를 체험하며 우리 매장에 있는 동안은 친절하지만, 고객이 모든 구매활동을 마치고 등을 돌려 매장을 나서는 순간부터는 남 대하듯 합니다. 이런 매장이라면 구입하려는 '물건' 때문에 찾아오는 고객은 있을지 몰라도, 매장에서 일하는 '사람' 때문에 방문할 고객은 아마 한 사람도 없을 것입니다. 이것을 뒤집어 말하면, 구매한 물건을 고객에게 건네는 순간의 작은 행위 차이만으로도 충분히 매장의 인상을 바꿀 수 있다는 것입니다.

고객에게 상품을 건네는 방법에는 여러 가지가 있습니다. 상품이나 매장 구성에 따라 계산대에서 건넬 수도 있고 매장 앞까지 배웅하면서 건넬 수도 있습니다. 단지 공통적인 것은 최종적으로 제품을 고객에게 전달하는 '그 순간'이 존재한다는 것입니다.

이때 건네는 진심 어린 말 한 마디가 매우 중요합니다. "또 들러주세요." 하고 가볍게 인사를 건네도 좋습니다. 첫 구매 고객이라서 거의 몇 마디 대화를 나눌 기회가 없었다면, 진심을 담아 "감사합니다."라고 말하며 웃는 얼굴로 인사하는 것으로도 충분합니다. 그러나 그냥 인사만 하는 것으로는 안 됩니다. 반드시 '마음을 담아서', '웃는 얼굴로' 해야 합니다. 결코 어려운 일이 아닙니다. 고객에게 상품을 건넬 때 단 한 마디를 덧붙이기만 하면 되니까요.

교육 때 이런 얘기를 하면, 현장의 볼멘소리가 들려오곤 합니다.

"저희 매장에서는 좀처럼 그 마지막 한 마디를 건넬 기회가 오질 않아요."

물론 말을 건네지 못하는 특수한 상황도 있을 것입니다. 하지만 조금만 생각해 보면 얼마든지 해법을 찾을 수 있습니다.

서점을 떠올려봅시다. 당신은 서점 직원입니다. 카운터에서 고객이 여러 권의 책을 구입합니다. 물건을 건네며 "감사합니다."라는 표현밖에 할 말이 없을까요? 고객이 책을 여러 권 샀다면, "무거우니까 조심히 들고 가세요."라고 인사말을 덧붙일 수 있을 것입니다. "즐겁게 독서하세요."
하는 일반적인 인사말을 건넬 수도 있을 것이고요. 상대를 진심으로 위
하는 마음으로 웃는 얼굴로 건넬 수 있는 인사말은 무궁무진합니다. 단
지 미음만 있다면 말입니다.

한 잡화 매장에서 계산대로 양손 가득 상품을 들고 고객이 다가옵니
다. 고객은 선물 포장을 해달라고 요청합니다. 담당자는 포장을 한 후에
평소처럼 봉투에 담아 건네면서 "감사합니다."라고 짧게 말했습니다. 그
런데 조금만 더 신경을 쓴다면 들고 가기 힘들 만큼 많은 물건을 산 고객
에게 몇 마디의 말을 더 건넬 수 있을 것입니다. "혹시 차는 가져오셨습
니까?", "들고 가시기에 무거울 텐데 괜찮으시겠습니까?"
만약 해당 매장이 관련 서비스를 제공한다면, 짐을 자동차에 실어준다
거나 배송 서비스를 해드릴 수도 있을 것입니다. 아니, 그런 규정이 따로
없더라도 일손이 부족하지만 않다면 차 세워둔 곳까지 짐을 들어드릴 수
도 있을 것입니다. 이는 백화점이나 가전제품 등 고가의 제품을 판매하
는 매장에서는 이미 많이 행하고 있는 것으로, 무한경쟁으로 치닫는 여
러 업종에서도 충분히 도입이 가능한 서비스입니다.

일본의 많은 소매 매장에서는 비가 오는 날이면 종이 쇼핑백 위에 비
닐 커버를 씌워주는 서비스를 하곤 합니다. 매우 참신하고 사려 깊은 서
비스가 아닌가 생각합니다. 그런데 제 개인적인 생각으로는 비닐 커버만
씌워 건네면서 "감사합니다."하고 인사를 건네는 것으로는 제대로 이 서

비스를 어필할 수 없다고 봅니다. 커버를 씌우기 전에 "밖에 비가 옵니다. 쇼핑백에 비닐 커버를 씌워드릴게요." 하고 싹싹하게 인사를 하며 해주는 것이 더 인상적일 것입니다. 같은 서비스를 제공하더라도 진심이 담긴 말 한 마디를 덧붙이면 더 따뜻하게 느껴지기 때문입니다. 물론 진심이 담긴 말이어야 합니다. 본질은 빠지고 형식만 남아, 지금 자기가 하는 행동을 앵무새처럼 입으로 생중계하는 식의 서비스 행태는 지양해야 할 것입니다.

하루에도 수많은 투숙객이 오고 가는 비즈니스호텔에 장기간 묵었을 때, 프런트에서 서비스 하는 직원에게 강한 인상을 받은 적이 있습니다. 매번 프런트에 들를 때마다 그날의 상황에 맞는 상쾌한 인사말을 건네주었기 때문입니다. "조심히 다녀오십시오." 하는 말과 "밖에 비도 오는데 조심히 다녀오십시오." 하는 말은 체감이 다릅니다. 아주 작은 차이만으로도 직원이 나를 세심히 배려하고 있다는 것을 실감할 수 있었고, 프런트에 들를 때마다 절로 기분이 좋아지곤 했습니다.

상품을 판매하든 서비스를 제공하든, 아주 사소한 말 한 마디는 매우 강력한 힘을 지닙니다. 대단한 달변이나 인상적인 명언은 필요 없습니다. 사소하고 작은 것이라도 좋습니다. 오히려 고객에게는 그런 사소한 말 한 마디가 기억에 더 오래 남을 수 있기 때문입니다.

 장사 잘하는 비결 17 **고객의 마음에 오래 남을 말 한 마디를 준비할 것!**

교토 상인의 33계명

1. 진짜 상인은 한 눈 팔지 않는다. 현재도 과거도 미래도 늘 자기 업業에 있다.

2. 한 사람의 고객이 곧 만 명의 고객이다.

3. 참을 인忍을 늘 마음속에 새겨 나의 주인이 되도록 한다.

4. 가게를 지켜주는 것은 근면과 검소뿐이다.

5. 검소하되 필요한 곳에는 아끼지 않는다.

6. 마음을 다하면 신神도 나를 버리지 않는다.

7. 선의후리先義後利, 신뢰가 먼저고 이익은 나중이다.

8. 상품의 장단점을 반드시 고객에게 알리고, 손님을 신분고하에 따라 차별하지
   않는다.

9. 창업은 쉬우나 수성은 어렵다.

10. 늘 고객의 입장에서 생각한다.

11. 크게 이익 본다는 곳에는 큰 손해도 도사리고 있음을 잊지 않는다.

12. 무리하게 승부 걸려 하지 말아야 진정으로 번성한다.

13. 많이 팔려 하지 않고 언제나 질 좋은 물건만 판다.

14. 세상은 나 혼자 사는 것이 아니다.

15. 모든 물건은 팔 때가 있다.

16. 만족한 고객이 나의 대변인이 되어준다.

17. 말에 탄 장수를 베려면 말을 먼저 베야 한다.

18. 현금 장사가 최고다.

19. 내가 모르는 쌀 장사를 하느니 잘 아는 보리 장사를 해라.

20. 고객을 위하는 으뜸은 늘 좋은 정보를 주는 것이다.

21. 스스로 가난하다 여기면 가난하고 부자라 여기면 부자다.

22. 사람을 움직이려면 내가 먼저 하고 말하고 시키고 칭찬하라.

23. 안 되면 두 번째 화살을 쏘면 된다고 생각하지 마라.

24. 고생은 즐거움의 씨앗이지만, 즐거움은 고생의 씨앗이다.

25. 탈이 없으려면 매사에 조심하라.

26. 돈이 없으면 지혜를 보여주고 지혜가 없으면 땀을 보여주라.

27. 술에 취하는 것, 이자 받는 데 안주하는 걸 경계하라.

28. 해 보지 않고 인생을 끝낼 수는 없다.

29. 돈은 돈만이 아니라 훌륭한 무기다.

30. 7, 8할의 승산이면 하지 않는 것이 낫다.

31. 나를 알고 타인을 알면 언제든 이길 수 있다.

32. 빌려 제 날짜에 갚으면 안 빌린 것보다 신용을 쌓을 수 있다.

33. 사이좋게 지내는 것처럼 귀한 것도 없다.

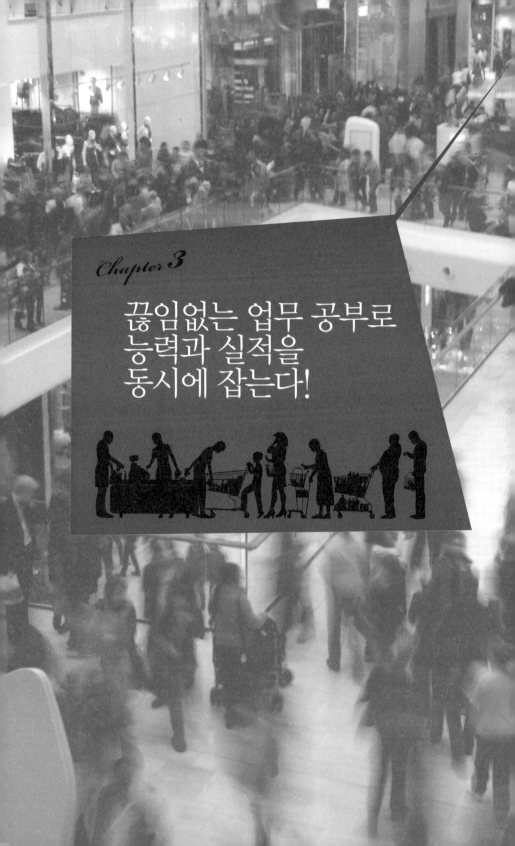

Chapter **3**

끊임없는 업무 공부로 능력과 실적을 동시에 잡는다!

18
이런 직원이라면
뭐든 믿고 맡길 수 있지!

4~5월이면 새로 입사한 직원들이 신입 교육을 마치고 이제 막 현장에 투입되는 경우가 많습니다. 매장에서 직접 실습을 하고 실제로 서비스를 해 보면서, 서서히 업무에 익숙해져갑니다. 어떤 경우에는 '신입사원' 혹은 '연수 중'이라는 명찰을 달고 있어 단박에 알아볼 수도 있지만, 그런 표식이 없어도 대부분 '새로 왔나보네.' 하는 생각이 들 정도로 왠지 모르게 기존 직원과는 차이가 느껴집니다.

제가 하는 일의 특성상 지금까지 수많은 신입직원들을 봐왔습니다. 그리고 그들이 경력과 경험이 있는 직원과 무엇이 다른지도 파악할 수 있게 됐습니다. 또한 하루라도 빨리 업무에 익숙해지고 자신감이 붙어 자기 일을 더 사랑하게 되는 길이 무엇인지도 깊이 고민해 보았습니다.

그 결과 도출된 것이 바로 '스토리story'였습니다. 우리가 하는 업무는 따지고 보면 모두 일련의 스토리입니다. 그리고 얼마나 빨리 자신만의 스토리를 구성하느냐, 또 다양한 자신만의 스토리들을 가지고 다양한 상황에 능숙하게 대처할 수 있느냐가 바로 그 사람의 '업무 능력'을 좌우합니다. 신입직원은 경험이 부족하기 때문에 아직까지 자신만의 완성된 스토리가 생겨나지 못한 상태입니다.

매장에서 스토리란 고객 한 명이 내점해서 돌아갈 때까지의 '일련의 서비스 플로우service flow'를 말합니다. 경험이 부족한 신입직원은 이 스토리에 익숙하지 않기 때문에 능숙하게 대처하기 힘들고, 그런 미숙함과 불안함이 고객에게 그대로 전달됩니다. 반대로 능숙한 직원은 고객이 매장에 들어와서 돌아갈 때까지의 대응이 '일련의 데이터베이스'로 완성되어 있습니다.

다시 말하면 경험이 없는 신입이라도 '제대로 된 틀'을 빨리 잘 갖추면, 그 누구보다도 훌륭한 질 높은 서비스를 제공할 수 있다는 의미이기도 합니다. 나만의 '대對 고객 스토리'가 정해져 있다면, 어떤 고객이든 '이 사람은 일처리가 능숙하군.', '믿음이 가네.' 하고 생각할 것입니다.

아직 일이 익숙하지 않다면, '나만의 스토리 노트'를 만들어보기를 적극 권장합니다. 비단 서비스 업종에만 해당하는 것이 아닙니다. 누구라도 자신이 맡은 업무의 흐름을 노트에 적어 내려가며 스토리 노트를 만들기 시작하면, 업무를 빨리 파악할 수 있을 뿐 아니라 개선사항도 쉽게 발견할 수 있습니다.

고객이 매장에 들어선 순간부터, 다양한 경우의 수에 해당하는 가지들을 마인드 맵mind map 형식으로 적어 내려갑니다. 그때 내가 할 수 있는 응대 방법도 적어 내려가 봅니다. 처음부터 완벽하게 만들려고 할 필요는 없습니다. '이럴 때 이렇게 응대하면 어떻게 될까?' 하는 자기만의 상상 스토리도 만들어봅니다. 고객의 움직임에 따라, 감정 상태에 따라 내가 어떻게 움직이면 좋을지 마치 남녀 주인공이 등장하는 드라마의 스토리 보드처럼 대화 형태로 구성해 보아도 좋습니다.

한 권의 스토리 노트를 만든 뒤, 매일 수정해가며 완성시키면 됩니다. 연수와 실전에서 필요하다고 생각한 자신의 행동, 말을 건네는 타이밍 등을 서비스 플로우에 구체적으로 추가시켜 갑니다.

스토리 노트를 만들어두면, 다른 사람보다 더 빨리 자신만의 독특한 접객 스타일을 확립시킬 수 있습니다. 또한 매일매일 갱신해나가면서 스스로도 매일 성장하고 있다는 보람을 느낄 수 있습니다. 스토리 노트를 만들지 않고 그저 업무에 익숙해지기만을 기다린다면, 한 달 전 내가 저질렀던 실수나 6개월 전에 느꼈던 초심 등은 학습의 소재가 되지 못한 채 허무하게 기억 속에서 희미해져 갈 것입니다.

내가 가진 직업이 나를 빛내주는 것이 아닙니다. 그곳에서 내가 얼마나 성장했느냐가 나를 빛내주는 요건입니다. 서비스 업종에서 일을 하다 보면 하루하루가 매번 똑같은 일의 반복이라는 식의 매너리즘에 빠지기 쉽습니다. 하지만 화려하고 재밌는 일이 따로 있는 것이 아닙니다. 오로지 나 자신만이 나의 일을 화려하고 흥미진진한 것으로 바꿔나갈 수 있습니다. 능률이 오를 뿐 아니라 실적도 높아지는 것을 체감할 것입니다.

다년간의 경험으로 약속할 수 있습니다.

가전 양판점에서 일하는 신입사원 A씨도 스토리 노트로 성장한 사람 중 하나입니다. A씨는 판매 경험이 아예 없었고, 더군다나 기계치에 가까웠던 탓에 접객 플로우를 전혀 이해할 수 없었습니다. 고객이 무언가를 물어오면 어떻게 해야 하는지, 예외적인 상황에 놓일 때 어떻게 대처해야 하는지, 흐름이 끊어졌을 때에는 어떻게 다시 이어나가야 하는지 자신만의 접객 흐름이 전혀 존재하지 않았던 것입니다.

그러나 A씨는 자신만의 스토리 노트를 적어가면서 어느 덧 베테랑이 되었습니다. A씨가 노트에 기록한 방식은 노트 한가운데에 세로로 길게 줄을 그은 다음, 왼쪽에는 고객이 한 행동이나 말을, 오른쪽에는 그때 자신이 취해야 할 행동과 말을 적은 것입니다.

A씨는 이 노트를 날마다 수정하고 추가해가면서, 가장 이상적인 스토리를 만들어갔습니다. 날마다 현장에서 느낀 것을 노트에 추가했습니다. 스토리의 기본 틀에서 벗어났을 경우에는 어떻게 제 궤도로 돌릴 것인지 하는 방법까지 기재했습니다. 3개월 정도가 지나자, 이 노트는 선배들이 보고 놀랄 정도로 충실한 내용들로 가득 채워져 있었습니다.

당연한 얘기지만, 스토리 노트를 쓰기만 한다고 효과가 나는 것은 아닙니다. 실전에서 적용하고 활용함으로써 갱신해나가는 것이 더 중요합니다. A씨는 매일같이 스토리 노트에 적은 것을 실천하고 수정하고 추가해나갔기 때문에, 굳이 외우지 않고도 자연스럽게 자기 것으로 흡수할 수 있었습니다. 고객도 A씨에게 의뢰하면 신속하게 처리해주었기에, 안심하고 맡길 수 있게 되었습니다.

그 성과는 개인별 매출 랭킹에도 그대로 반영되었습니다. 입사한 지 반 년 만에 A씨는 매장 톱top이 되었던 것입니다. 입사할 때는 다른 신입들과 엇비슷했던 직원이 반 년 만에 이만큼의 성장을 보여줄 수 있었던 것은 역시 자신만의 '스토리 노트'가 있었기 때문이라고 생각합니다.

단 하나의 스토리라도 좋습니다. 그 스토리를 꾸준히 갱신해나가는 것이 중요합니다. 하나하나의 플로우가 완성되어갈수록 효과는 점점 커집니다. 이것은 특히 직장을 막 옮긴 사람들에게 권하고 싶은 방법입니다. 전혀 어렵지 않습니다. 한 권의 노트에 자신만의 스토리를 적어나가기만 하면 됩니다. 매장에 들어오는 고객과 돌아가는 고객을 머릿속에 그려보며 그 상황에서 내가 할 수 있는 일들을 떠올려 봅니다. 고객에게 건넬 말 한 마디도 좋고 행동도 좋습니다. 자신이 이상적이라고 생각하는 언동을 하나하나 추가해나가면서 부디 나만의 베스트 접객 스토리를 완성시켜 보시기 바랍니다.

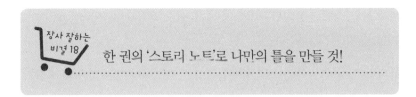

장사 잘하는 비결 18 한 권의 '스토리 노트'로 나만의 틀을 만들 것!

19
그 직원은 어떻게 그렇게 기억력이 좋대?!

현장에서의 실전 경험은 최고의 공부입니다. 현장에서 직접 체험한 것은 연수나 교육에서 보고 들은 것보다 그 위력이 더욱 큽니다. 또 현장에서 처음으로 깨우치게 되는 것도 많습니다.

하지만 모처럼 깨닫게 된 것을 그 자리에서 잊어버린다면 너무나 안타까운 일이겠지요. 이 대목에서 필요한 것이 '메모'입니다. 찰나의 깨우침을 오랫동안 기억하기 위한 가장 강력한 도구 말입니다. 일목요연하지 않아도 괜찮고 길게 적지 않아도 됩니다. 다시 보았을 때 떠올릴 수 있도록 간단히 키워드만 적어두는 것이 포인트입니다. 고객 앞에서 메모하기 곤란하다면, 계산대 뒤편 등 고객이 보지 않는 곳에서 재빨리 메모합니다.

'메모의 중요성'은 백번 강조를 해도 지나치지 않습니다. 현장에서는 하루에도 수많은 일이 일어납니다. 일을 해 보면 알겠지만, 지금 1초 동안 떠오른 생각이 뒤를 돌아 다른 응대를 하다보면 어느 틈엔가 뇌리에서 사라지고 맙니다. 애써 경험을 통해 체득한 것이라 해도 반나절만 지나면 우리 머릿속에서 완전히 잊혀버리게 됩니다. 이는 뇌 과학에서도 증명된 사실로, 한 번 습득한 정보는 다시 떠올리지 않으면 이내 사라지게 되어 있기 때문입니다. 우리 뇌가 포화 상태로 쏟아지는 수많은 정보를 제대로 처리하기 위해서는 그 방법밖에 없다고 합니다.

그러므로 현장에서는 항상 메모장을 휴대하고, 수시로 기록해야 합니다. 한 시간에 하나씩 적는다고 가정하면, 7시간이면 7개의 소중한 정보를 축적할 수 있습니다. 30일이 지나면 무려 200가지가 넘는 깨달음과 경험이 쌓여 있을 것입니다. 메모를 꾸준히 하는 사람과 하지 않는 사람은 분명히 차이를 보입니다.

현장에서 메모하는 습관은 또 하나의 특별한 메리트를 갖고 있습니다. 그것은 바로 현장에서 수시로 일어나는 일들을 직접 느끼고 파악할 수 있는 능력을 기르도록 도와준다는 점입니다. 메모하는 습관 자체가 현장의 변화와 고객의 언동에 대해 더욱 민감히 몰입하도록 유도합니다. 어떤 것을 메모할지는 메모하는 사람의 자유입니다. 그저 당신이 느낀 것을 그대로 적기만 하면 됩니다. 문장으로 완벽하게 적으려면 시간이 오래 걸리므로 우선은 대충 흘려 적어도 상관은 없습니다. 나중에 시간 여유가 생겼을 때 제대로 된 문장으로 고쳐 적으면 됩니다.

한 미용실의 이야기입니다. 많은 사람들과 만나게 마련인 직업 특성상 고객의 얼굴 정도는 대략 기억하지만, 지난 번 방문 때는 어떤 얘길 나눴으며 어떤 스타일을 했었는지 기억하지 못하는 경우가 많습니다. 고객이 말하면 마치 알고 있던 것처럼 응대하기는 했지만, 실은 거의 기억하지 못하고 있었다고 합니다. 그래서 도입한 것이 바로 현장 메모입니다.

메모로 인해 해당 미용실은 고객들과 더욱 친밀한 관계를 구축할 수 있게 되었습니다. 보조 스태프가 샴푸를 할 때나 다음 작업을 시작하기 전 혹은 고객이 돌아간 뒤에 계산대에 놓인 고객카드에 간단히 메모를 적습니다. 고객과 나눴던 인상적인 대화, 머리 상태, 소요시간 등을 기록해두었습니다.

이렇게 3개월이 흐르자 재방문 고객을 응대하는 소중한 정보가 축적되었고, 저마다 단골에 대한 노하우가 생겨 서비스의 질이 크게 향상되었다고 합니다. 메모에는 소요시간도 적어두었기 때문에 전체 고객별 소요시간을 측정할 수 있었고, 지나치게 긴 시간이 걸리는 이유를 찾아 낭비시간을 줄였습니다. 그 결과 한 사람당 미용 시간은 절약된 반면, 직원 각각을 지명하는 고객이 늘었습니다. 또한 지난 번 방문 때의 대화 내용까지 기억해주는 것에 호감을 느끼게 된 고객도 늘어났습니다. 이렇듯 현상 개선 능력을 키워나가는 것도 메모가 가진 메리트 중 하나입니다.

그렇다면 어떤 메모장을 사용해야 할까요? 사실 휴대가 간편하다면 어떤 형태든 상관없습니다. 중요한 것은 어떤 메모장을 쓰느냐가 아니라 무엇을 메모하느냐 하는 것입니다. 메모가 좋다고는 해도 너무 많은 시간이 걸려서는 곤란하겠지요. 어떤 형태의 메모장도 상관없다는 말에,

휴대전화의 메모 기능을 이용하려는 사람이 있습니다. 하지만 고객 앞에서는 절대 휴대전화를 꺼내서는 안 됩니다. 고객 앞에서는 어디까지나 업무상 사용하는 서류를 체크하는 것처럼 보여야 합니다. 만일 현장에서 메모할 만한 상황이 못 된다면, 화장실에서 적거나 휴식시간에 정리해도 좋습니다.

너무 많은 내용을 기입하면 요점이 분산되기 쉽습니다. 항상 그 당시 알게 된 '고급 정보'라는 키워드를 메인으로 삼고, 여력이 된다면 다른 정보들까지도 기입하도록 합니다. 적어만 두지 말고 적어둔 것들을 일정 기간마다 정리하거나 다시 살펴본다면, 효과는 더욱 높아질 것입니다.

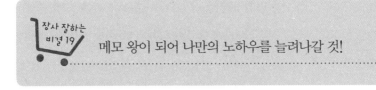

장사 잘하는 비결 19

메모 왕이 되어 나만의 노하우를 늘려나갈 것!

20
대단해! 이런 것까지 공부해두다니?!

제가 지금까지 만나온 판매/서비스직 종사자 대부분은 나만의 노트를 가지고 있었습니다. 나만의 노트란 자사가 판매하는 상품이나 재료 등에 대한 정보를 자세히 적어둔 노트를 말합니다. 사람에 따라 노트 크기도 적는 스타일도 다르지만, 어떤 직원의 노트에는 첫 장부터 끝 장까지 빼곡하게 상품에 대한 정보가 자세히 기입되어 있기도 했습니다. 회사에서 제공받은 정보만이 아니라 스스로 발로 뛰어 알아보고 물어보아서 얻은 정보까지 함께 말입니다. 이제껏 수많은 노트를 보아왔던 저조차 '와, 이 정도까지 하다니 존경스럽다……' 하고 감동할 정도였습니다.

저는 이 노트를 일컬어 '상품 지식 노트'라고 부릅니다. 지식 노트는 크게 세 가지 역할을 합니다. 그리고 그것은 제품이나 서비스를 판매함으로써 성과를 내고 보람을 찾는 사람에게는 선물과도 같은 것입니다.

첫째, 제가 그랬듯이 누군가에게 보여주는 것만으로도 감탄을 자아내게 합니다. 고객을 만날 때 이 노트를 내놓기만 하면, 그 존재 자체만으로도 흥미를 불러일으킬 수 있습니다.

둘째, 고객의 신뢰감을 더욱 높일 수 있습니다. 고객은 '이 정도까지 꼼꼼히 노트에 정보를 적을 정도니, 이 사람이 말하는 것은 정확하겠구나.' 하고 생각하게 됩니다. 한 권의 노트가 고객의 신뢰와 신용을 돈독히 해주는 것입니다.

셋째, 노트를 고객에게 직접 보여줌으로써 상품에 대한 이해를 높일 수 있습니다. 노트 자체가 상품을 추천하는 도구로 사용되는 것이지요.

지식 노트가 마법의 도구로 사용되었던 사례를 하나 소개하겠습니다. 보석 매장에서 근무하며 매출 달성 1위를 놓친 적이 없는 한 직원의 비결은 바로 이 상품 지식 노트였습니다. 처음에는 사내에서 얻을 수 있는 정보를 정리했지만, 그 내용이 턱도 없이 부족했습니다. 직원은 상품 설명을 위해 고객에게 제공되는 브로슈어만으로는 정보가 불충분하다고 생각했습니다. 결국 직접 상품에 대해 조사하면서 자신만의 상품 전집과도 같은 노트를 점차 완성시켜 갔습니다.

A4 크기의 스프링이 달린 대학노트에 상품명, 명칭의 유래, 특징, 원산지, 상품 관련 데이터 등을 삼색 볼펜을 활용해 고객이 한눈에 보고 알 수 있도록 정리해두었습니다. 고객이 특정 상품에 흥미를 보이면, 자기가 정리한 노트를 펼쳐 보여주면서 궁금증에 답했습니다. 그 결과, 그

저 말로만 설명했을 때보다 무려 세 배나 더 매출이 올랐다고 합니다. 고객은 '이 정도까지 조사했다니 이 사람이 추천하는 것이라면 믿을 수 있겠다.' 하고 안심하게 된 것입니다. 보석에 대한 다양한 이야기를 들려주자, 상품에 대한 관심이 더욱 높아지는 현상도 일어났습니다.

판매하는 상품과 재료에 관한 정보라면 무엇이든 이 지식 노트에 기재할 수 있습니다. 소재도 좋고, 식품이라면 관련 레시피나 활용법 등도 좋을 것입니다. 이때 목적은 상품에 대한 고객의 이해를 돕고 흥미를 한층 더 불러일으키는 데 있습니다. 또한 고객이 알고 싶어 하는 정보를 바로 찾아 제공하는 사전의 용도로 사용해도 좋을 것입니다.

앞서 소개한 직원의 노트에서 더욱 놀라웠던 점은 상품이나 재료의 그림까지 그려져 있어 한눈에 상품의 이미지를 떠올릴 수 있게 되었다는 것입니다. 그림이나 사진을 이용하면 더욱 재미있고 계속 보고 있어도 쉽게 질리지 않습니다. 구성은 각자 스타일에 맞게, 또 업종과 취급하는 상품에 맞게 자유롭게 할 수 있으므로 굳이 제한을 둘 필요는 없습니다.

어떤 이들은 상품 관련 노트를 만든다는 것에만 만족을 느끼고, 실제 서비스에는 활용하지 않습니다. 노트에 적는 데만 몰두해서, 결국 단순한 매뉴얼처럼 되어버린 경우입니다. 하지만 상품 지식 노트에는 '바로 적용할 수 있는 내용'이라는 특징이 빠져서는 안 됩니다. 만들기는 했는데 계속 업데이트를 하지 않아서 구닥다리 정보로 전락해버려도 곤란하겠지요.

이런 일을 피하려면 처음부터 모든 것을 장황하고 자세하게 정리하겠다는 욕심을 버리고, 보기 쉽고 알기 쉽고 조사하기 쉽게 내용 구성을 하는 것이 좋습니다. 고객이 노트를 보고 놀랄 정도의 내용이라면 일단 성공했다고 볼 수 있겠지요.

단시간에 완성하려고 하면 부담이 생겨 오히려 행동에 옮기기 어렵습니다. 그러므로 매일 조금씩 정보를 추가해가는 쪽이 좋습니다. 처음부터 완벽하게 만들려고 하기보다 메모를 한다는 식의 가벼운 마음으로 적어나가는 것이 하나의 요령이라고 할 수 있습니다.

당신의 일이 상품을 판매하는 것이든 서비스를 제공하는 것이든, 그 기본은 변하지 않습니다. 어디까지나 '업무에 도움이 되는 상식'이라는 틀 안에서 만들어나간다면 성공적인 지식 노트를 만들 확률, 그리고 그것이 업무의 성과로 이어질 확률은 더욱 높아질 것입니다.

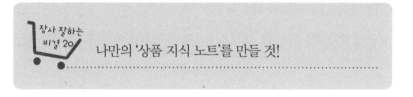

장사 잘하는 비결 20 나만의 '상품 지식 노트'를 만들 것!

21
생각지도 못했는데, 덤을 잔뜩 얻은 느낌이야!

나 나름대로 진심을 담아 고객을 대하는데도 왠지 고객의 평가가 박하다는 느낌을 받은 적이 있습니까? 별로 특별할 게 없어 보이는 직원이 왜 인정을 받는지 이해할 수 없다는 기분이 든 적은 없습니까?

물론 외부 평가의 원인은 여러 가지가 있습니다. 하지만 대개 결정적인 차이는 '고객에게 작은 기쁨을 주는가?'에서 판가름 나는 경우가 많습니다. 알쏭달쏭한 말이지요? 서비스의 작은 차이를 말하는 게 아닙니다. 여기서 고객에게 주는 작은 기쁨이란 '나한테만 제공되는 것 같은 약간의 편의 혹은 힌트, 노하우'를 말합니다.

노하우라고 하면 뭔가 거창하게 느껴지지만, 실제로 실생활의 노하우들이란 매우 간단하고 단순한 것들입니다. 예를 들어 스카프를 세련되게 매는 법, 같은 재료를 활용해 더 간단하게 조리하는 법, 신선한 생선을 고르는 법 같은 것들이 그것입니다. 문외한인 소비자로서는 모르던 것이지만 업계에 종사하는 사람으로서 알려줄 수 있는 그런 노하우를 살짝 알려주는 것. 이것이 고객을 매우 감동하게 만드는 마지막 버튼입니다.

강요하듯 말할 필요는 없습니다. 특히 '나는 당신이 모르는 것을 알고 있다.'는 식으로 거드름을 피우면 곤란합니다. 어디까지나 '제가 알기론 이런 방법도 있습니다.' 하는 식으로 가볍게 팁tip을 던집니다. 그러면 고객은 '이 직원은 이 분야에 대해 전문가인 것 같아.', '전문가가 나한테만 귓속말로 알려주다니 뭔가 이득 본 기분이야.', '재미있다.'고 느낍니다. 그 결과 당신에 대한 인상도 바뀌게 됩니다.

예를 들면 보통 사람들은 흔히 간장에만 찍어 먹는 재료가 있다고 합시다. 그런데 이렇게 작은 조언을 하는 것입니다. "여기에다 레몬즙을 약간 뿌려 드시면 향도 더 좋고 더 맛있게 드실 수 있습니다. 나중에 한 번 시도해 보세요." 하고 어드바이스를 해줍니다. 어떤 고객은 "아…, 그래요?" 하고 대수롭지 않은 반응을 보일 것이고, 어떤 고객은 흥미가 생겨서 "그래요? 왜 그런데요?" 하고 질문을 할 것입니다. 질문을 한 고객에게 더 자세히 설명해주고 다른 정보도 추가로 알려준다면, 고객과의 대화를 더욱 잘 이끌어나갈 수 있게 됩니다.

노하우를 제공하기 위해서는 평소에 다양한 정보를 수집해두는 것이 중요하겠지요. 책이나 잡지에서 중요한 정보를 얻을 수도 있습니다. 자신만의 시행착오를 통해 터득한 방법을 정리해두는 것도 좋은 방법입니다. 단, 누구나 알고 있는 내용이라면 재미도 없고 식상할 뿐입니다. 당신을 만나지 않았다면 결코 들을 수 없을 것 같은 정보만이 노하우에 해당합니다. 작은 힌트, 노하우, 요령을 제공하는 것만으로도 고객은 당신, 그리고 당신이 있는 매장에 흥미를 갖게 될 것입니다.

여기에서 중요한 포인트는 내 입장에서 아전인수 격으로 해석한 조언을 피해야 한다는 것입니다. 해당 시기에 유행하는 정보, 되도록 많은 사람들이 관심을 보이고 즐길 수 있는 노하우를 제공하는 것이 좋습니다. 일부 마니아들만 좋아할 정보라든가 고객의 선택권을 빼앗아버리는 듯한 고압적인 태도를 보인다면 고객은 오히려 멀어져갈 것입니다. 이는 앞서 말한 거드름에 해당합니다. "그렇게 드시면 안 됩니다. 거기에 후추를 더 넣어서 드셔야죠." 이런 식으로 지시하는 듯한 말투는 고객의 기분을 상하게 할 수 있습니다. 오히려 '이 직원은 너무 몰아붙이네.', '왠지 재미없다.'고 느끼게 만들 뿐입니다.

고객이 고마움을 느끼도록 만드는 노하우의 대부분은 상품이나 서비스에 관한 새로운 '정보'를 발견하도록 돕는 것에 해당합니다. 이제껏 잘 몰랐던 정보, 용도, 활용법을 제공하면, 고객은 분명 기뻐하고 고마워할 것입니다.

> **장사 잘하는 비결 21** 간단한 요령과 재미있는 정보로 고객의 흥미를 끌 것!

22
저 매장에 가면
박식해질 수 있어!

어느 날 잡화와 식기류를 판매하는 한 소매 프랜차이즈 담당자가 한 지역의 실적이 좋지 않아 걱정이라고 상담을 요청해왔습니다. 저희는 조사에 착수했고, 실제 분석 결과 전년 동기 대비 수익률이 현저히 낮아진 것을 알 수 있었습니다. 해당 지역의 매장 관리자들은 입지가 나빠 그런 것이라고 항변했습니다. 물론 입지의 영향은 무시할 수 없습니다. 하지만 해당 지역에서도 몇몇 매장은 입지와 관계없이 높은 매출을 유지하고 있었습니다.

우리는 그곳을 주목했습니다. 해당 지역의 대다수 매장은 실적이 떨어져 힘들어하는데, 어떻게 이들 매장은 꾸준히 높은 실적을 유지하는 걸까? 우리는 문제의 답이 여기 있을지 모른다고 생각했습니다.

우리는 팀을 짜서 해당 지역 수십 곳 매장을 직접 찾아 접객 서비스를 체험해 보았습니다. 그 결과, 차이를 확실히 알 수 있었습니다. 여타 매장 직원들은 제가 물은 것에만 대답했지만, 잘되는 매장에서는 지식과 대화의 '양量'이 월등히 많았습니다. 소매 매장은 모두 직영 방식으로 운영되었기 때문에, 매장 시설, 상품 구성, 가격 등의 조건은 모두 동일했습니다. 오로지 다른 것은 직원들이 가진 지식의 양이었습니다.

"이건 뭘로 만들었죠?"

이렇게 물었을 때 대다수 타 매장 직원들은 "예, ○○○입니다." 하고 대답하는 것으로 끝이었습니다. 하지만 매출이 높은 매장은 달랐습니다. 해당 제품이 타 브랜드의 유사 제품과는 다른 희소가치가 높은 고가의 소재로 만들어졌다는 것, 그래서 실제 사용할 때 어떤 점이 더 좋다는 것, 연예인 누가 애용한다는 등의 다양한 정보까지 알려주었습니다.

하나의 질문은 연이어 두세 가지 화제로 이어졌습니다. 대화를 나누다 보니 저절로 여러 정보를 얻게 되고, 따라서 물건 고르는 일이 무척이나 즐겁게 느껴졌습니다. 대화가 도중에 끊어져 어색해지는 일도 없었습니다. 물 흐르듯 이어지는 대화, 이것이 이들 잘되는 매장의 차별점이었습니다.

우리는 모든 매장을 다 둘러본 뒤, 몇 가지 체크 항목에 대한 결과를 비교해 보았습니다. 역시나 실적이 좋은 매장은 '고객과의 커뮤니케이션', '상품 지식' 등의 항목에서도 월등히 뛰어나다는 결과가 나왔습니다. 이들 매장이 전국에서도 단연 톱클래스임을 고려할 때, '고객과의 대화

능력'이 매출에 크게 영향을 미쳤다는 것을 알 수 있었습니다.

점장에게 비결을 물어보았습니다. 점장은 이런 자연스러운 대화를 가능케 하기까지 매우 많은 노력을 기울였다고 자평했습니다.

"고객의 질문은 그 자체로 매우 커다란 가능성입니다. 거기에 성실히 답하지 않거나 단답형으로 응하면, 고객은 바로 흥미를 잃습니다. 사실 저희도 처음에는 질문을 받고도 대답하지 못한 적이 많았습니다. 하지만 더 이상 이래서는 안 된다고 생각하고, 서로 해법을 고민하기로 했습니다. 우선 매일 하나씩이라도 지식과 정보를 수집하고 공유하기로 했지요. 아침 회의나 직원 미팅 때 모두 모여 정보를 공유했습니다."

매장 직원 모두가 의식적으로 지식과 정보를 늘려나가려는 노력을 했기 때문에, 고객과의 즉문즉답이 가능해졌던 것입니다. 또한 대화를 나누는 데 익숙해지자, 대화의 내용은 더욱 풍성하고 자연스러워졌습니다. 대화 주제를 하나에서 둘, 둘에서 셋으로 늘려가면서 직원들도 그 효과를 체감해갔다고 점장은 덧붙였습니다.

지금보다 딱 세 배만 더 많이 대화하자고 목표를 잡으면, 훨씬 더 다양한 각도에서 이야기를 이끌어갈 수 있게 됩니다. 만일 고객이 하나의 주제에 흥미를 보이지 않는다면, 제2, 제3의 주제를 얼마든지 꺼낼 수 있습니다. 하지만 만일 준비된 주제가 하나밖에 없다면, 그걸로 대화는 끊어져버리겠지요.

잘되는 매장의 노력을 접하고, 해당 지역 타 매장 점주들 역시 매출 저하의 요인을 '입지'만으로 꼽는 것은 매우 안일하다는 생각을 공유하게 되었습니다. 나머지 매장들도 잘되는 매장을 모델로 삼고 개선해나가기로 했습니다. 결국 그 노력은 서서히 효과를 나타냈고, 본부로서는 골칫덩이였던 이 지역 매장 중 세 곳이 전국 매출 베스트10에 들게 되었습니다.

대화를 다양한 각도로 이어나간다면 고객과의 커뮤니케이션이 원활해지고 고객의 신뢰를 얻게 되며, 결과적으로는 매장의 실적도 올라가게 만듭니다.

 장사 잘하는 비결 22 **고객과의 대화를 지금의 세 배로 늘리도록 노력할 것!**

23
혹시 나를 '봉'으로
생각하는 거 아니야?

최근에는 제가 회사 경영이니 뭐니 해서 한 회사의 전국 단위 매장을 일일이 다 방문해 볼 기회가 많이 줄기는 했지만, 미스터리 쇼핑 컨설팅 초기에는 전국 매장을 직접 발로 뛰며 조사를 하던 시절이 있었습니다. 좋은 점은 단기간에 매장 직원 전반의 접객 수준을 일목요연하게 파악할 수 있다는 점입니다.

전국에 프랜차이즈 망을 보유한 한 남성의류 매장에서의 일입니다. 그 회사는 매월 테마를 정해 판촉활동에 온 힘을 기울이고 있었습니다. 제가 조사를 진행했던 달에는 '세트 판매'가 중점 테마였습니다. 직원들은 다양한 버전의 세트 상품을 준비하고 판매에 주력했지요. 전국 매장을 다녀보니 대략 세 가지 패턴의 접객 방식이 있었습니다.

첫째, 테마에는 신경 쓰지 않고 자기 할 일만 꾸준히 하는 곳입니다. 아니, 오히려 이 달의 테마가 무색할 만큼 평소와 차이가 없었습니다.

저는 그 달의 테마를 알고 방문했기에 일부러 "이 셔츠에 어울릴 만한 바지가 있을까요?" 하는 식으로 반응을 유도해 보았지만, 돌아온 대답은 단순했습니다. "뭐든 무난하게 잘 어울리는 셔츠예요." 이쪽에서 애써 흥미를 보이는데도 그 기회를 놓치는 것 같아 안타까웠습니다.

그런데 더욱 많은 양상은 둘째와 셋째 패턴이었습니다. 둘 다 세트를 제안하기는 합니다. 바로 여기에 주목할 필요가 있습니다. 이 둘은 매우 비슷해 보이지만 고객에게 미치는 영향 면에서는 매우 다르기 때문입니다.

둘째 방식은 이것입니다. 지나치게 세트 판매를 권함으로써 오히려 반감이 들게 하는 경우입니다. "요즘에는 이게 잘 나갑니다.", "이거랑 같이 입으면 정말 멋질 거예요." 하는 식으로 하나 둘 계속 상품을 가져와서 입어보게 합니다. 아무 말 없이 가만히 시키는 대로 했더니, 무려 다섯 벌이나 앞에 늘어놓고는 입는 것마다 칭찬 일색입니다. 속으로 '이 고객은 살 것 같다.'고 생각하고 있는 게 눈에 훤히 보입니다. 게다가 추천하는 것마다 저에게 어울리는 것보다는 이미 세트로 구성되어 있는 제품 위주입니다.

셋째 방식은 그와 조금 다릅니다. 세트를 권하기는 합니다. 하지만 둘째 방식과는 달리 '정도程度를 지키는 판매'를 합니다. 세트 판매에 주력하는 달이라고 해도 무리하게 강권하지 않고 어디까지나 고객에게 어울릴 만한 것을 골라 추천합니다. 때로 여러 종류의 스타일을 추천할 수는 있지만, 이는 고객의 의견이 반영된 결과입니다. 고객을 대할 때에도 '빨리 팔아야 하는데……' 하는 식의 조바심이 보이지 않습니다. 그렇지만 첫째의 경우처럼 묻는 것에만 단답형으로 묻거나 세트 상품과 연관 짓는 대화를 귀찮아하는 것은 아닙니다.

자기가 고른 상품에 자신이 있고 고객이 관심 가질 만한 세트만 추천하기 때문에, 추천을 받는 고객으로서도 부담감을 느끼지 않습니다. 때로는 여러 개를 판매하려고 하기보다, "이 종류는 다음번에 구매하셔도 될 것 같습니다." 하는 식으로 오히려 고객의 입장에서 자기 의견을 말해주기도 합니다.

좋은 상품이 좋은 조건으로 판매될 때에는 또한 "하지만 이것은 오늘 꼭 구매하시는 게 좋을 것 같습니다. 왜냐하면……." 하는 식으로 자신 있게 추천합니다.

이제껏 살펴본 유형의 매출 순위는 어떻게 되었을까요?

네, 당연히 그렇습니다. '정도程度를 지킨 판매' 쪽의 매출이 단연 톱이었습니다. 믿고 다시 찾아주는 고객이 늘었기 때문입니다.

그런데 재미있는 점은 여기부터입니다. 그 다음으로 매출이 높은 곳은 바로 단품만 추천했던 매장입니다. 세트 판매로까지 이어지지는 않았지만 최소한 고객의 요구에 맞춰 안내하고 있었기 때문에, 어느 정노 부담 없이 재방문을 하는 고객이 있었습니다.

그리고 의외로 자신만만하고 적극적으로 판매했던 둘째 방식의 매장이 실적은 가장 낮았습니다. 결국 고객을 배려하지 않고 일방적으로 '팔

126

아야지!' 하고 과욕을 부린 것이 고객에게 그대로 전달되어버린 것입니다. 일부 거절하지 못하는 소심한 고객은 그런 직원의 강압에 넘어갈지 모르지만, 다시는 그 매장을 찾지 않게 됩니다.

'팔려는 마음'은 고객에게 고스란히 전달됩니다. 그 자리에서는 설득에 넘어가서 제품을 구입했다손 치더라도, 고객의 마음에는 '괜히 떠밀려서 사고 말았어.' 하는 찜찜함이 남습니다. 왠지 당한 것 같고 봉이 된 것 같아 기분이 좋지 않습니다. 스스로도 납득이 갈 만한 상품을 골라 추천하고 고객의 요구에 최대한 맞추려는 노력이 필요합니다. 같은 구성의 세트를 판매하더라도 이 같은 차이가 벌어질 수 있다는 점을 염두에 두어야 할 것입니다.

장사 잘하는 비결 23
'정도程度 있는 권유'로 고객의 신뢰를 얻을 것!

24

이런 직원보다는 차라리 컴퓨터를 두는 편이 더 낫지!

컨설팅 조사 차 자동차 판매점을 방문했습니다. 경쟁사를 포함해 몇 군데를 돌며 영업 직원과 상담을 했지요. 처음에는 대화하는 게 신선했지만, 점차 '이 대목에서 이런 말을 하겠지.' 하고 어느 정도 패턴이 읽혔습니다. 하지만 고객인 척하고 대화하고 분석하는 게 저의 일이니만큼, 마치 처음 들은 이야기처럼 관심을 보였습니다.

이런 조사를 할 때에는 어느 정도 저의 신상 배경에 대해 사전에 설정을 해둡니다. 당시 제가 설정했던 저의 신상 배경은 이랬습니다. 초등학생과 중학생 아이를 둔 4인 가족 가장, 구입 희망 자동차 가격대는 3,000만 원 전후……. 재미있는 것은 애써 이런 설정을 해두었지만 전혀 물어보지 않는 경우도 있고, 반면 생각해두지 않은 것까지 꼼꼼히 체크하듯 물어보는 경우도 있었다는 것입니다.

대다수 영업 직원은 고객과 대화를 나누면서 추천할 차종을 결정합니다. 먼저 고객이 흥미를 보인 차의 팸플릿을 보여주면서 설명하거나 시승을 권하기도 하고, 각종 가격할인 조건들을 알려주기도 합니다.

이때가 바로 영업 직원의 역량을 파악할 수 있는 순간입니다. 그것은 바로 '제안하는 능력'입니다. 고객에게 들은 정보들을 바탕으로 견적을 작성하는 게 마땅한데도, 제안하는 능력이 낮은 직원은 그 공을 고객에게 넘겨버립니다.

예를 들어 고객이 "이게 좋겠군." 하고 말하면 곧바로 "예, 그 제품은 ○○○원입니다." 하고 대답합니다. 그리고 고객이 "좀 더 좋은 조건으로 해줄 순 없어요?"라고 말하면, "알겠습니다, 오늘 구입하시면……." 하는 식으로 최종 가격 교섭 단계로 넘어가버립니다.

하지만 이런 식으로 영업을 하면 고객은 '자동차 구입=가격'이라는 공식만 기억하게 됩니다. 그렇다면 이 직원이 하는 역할이 검색엔진에 자동차명을 넣었을 때와 무엇이 다를까요? 돈을 들여 전시장을 만들고 직원을 고용해 설명을 하는 대신, 고성능 컴퓨터를 하나 설치해두고 고객이 희망하는 차종과 사양을 입력하면 현재 구매할 수 있는 최적 조건을 보여주면 그만 아닐까요? 오히려 사람보다는 컴퓨터 쪽이 다양하고 심층적인 정보를 신속히 보여주니, 더 편리할지도 모르겠습니다.

반면 신차의 가격을 알기 쉽도록 일목요연하게 정리해 보여주는 직원도 있습니다. 고객의 의견을 경청해서 어떤 종류의 자동차를 원하는지 정확히 파악한 다음, 그에 해당하는 제품과 옵션을 설명해줍니다. 고객의 라이프스타일에 맞는 차를 컬러, 옵션, 보험, 매월 지출 비용, 총액 등의 항목으로 한눈에 보기 좋게 정리해서 보여줍니다. 또한 하나의 선택지가 아니라 두세 종류의 자동차를, A안, B안, C안…… 식으로 비교해가며 장단점을 설명합니다.

이렇게 구체적인 설명을 듣게 되면 단지 이미지만 가지고 '이 차가 좋겠다.'고 생각했던 소비자도 향후 몇 년간 차를 운행해야 하는 여러 현실을 고려해가면서 선택을 하게 됩니다.

단, 이때 선택의 범위가 너무 많아지면 고객에게 오히려 혼란을 불러올 수 있습니다. 따라서 추천하는 제품의 종류는 세 가지 정도가 적당합니다. 이미 뭘 살지 결정하고 방문한 고객이라도, 여러 상황을 고려해 구체적으로 제안된 선택지를 보고 더욱 꼼꼼하게 따져보고 결정하려 할 것입니다.

이는 자동차만이 아니라 화장품, 집, 양복 등 다른 품목을 취급하는 업종에서도 적용할 수 있습니다. 단 하나만 추천 받으면 왠지 강요당한다고 느끼고, 너무나 많은 선택의 범위를 제시 받으면 고객은 오히려 혼란스러워 합니다.

특히 고가의 상품일수록 고객은 충분히 검토하고 구입하기를 원할 것입니다. 그러므로 '세 가지를 제안하는 능력'만 제대로 지켜진다면 고객이 느끼는 매장에 대한 신뢰감은 크게 높아질 것입니다.

그렇다면 어떻게 해야 항상 세 가지 제안을 제시할 수 있게 될까요?

다양한 각도에서 상품을 볼 줄 아는 능력을 길러야 합니다. 자동차를 예로 들면, 고객의 상황에 맞춰 그 고객이 사용할 경우 어떤 장점과 단점을 가지고 있는가에 대해 생각합니다. 예를 들어 30대 미혼 남성이라면 가까운 시일 내에 결혼을 할지도 모릅니다. 몇 년 안에 아이가 생기면 공간이 넓은 차가 필요해 질지도 모릅니다. 여기까지 생각하면 공간이 넓은 차, 아이들을 안심하고 태울 수 있는 차를 떠올릴 수 있습니다. 하지만 나중 일은 누구도 모르는 것이고 큰 차는 연비가 떨어진다는 점을 고려한다면, 소형 승용차를 추천해줄 수도 있습니다.

몇 가지 제안을 A4용지에 항목 별로 정리해 보여주면 고객은 무척 만족해 할 것입니다. 자동차 사진과 함께 구입했을 때의 장단점을 알기 쉽게 정리해 보여주니 비교하기도 수월할 뿐 아니라 결정하기도 쉬워집니다.

게다가 '차를 직접 사용할 고객의 입장에서' 작성된 것이므로 좀 더 적극적으로 검토하게 만듭니다. 꼭 한번 자신감을 갖고 세 가지 제안서에 도전해 보시기 바랍니다.

장사 잘하는
비결 24

고객에 맞춘 '세 가지 제안'의 마력을 활용할 것!

25
이렇게 권유하면
사지 않을 수 없지!

앞서 '세 가지 제안'의 위력에 대해 이야기했지만, 비슷비슷한 상품이 많은 경우라면 '이것이 베스트!'라고 가장 추천할 만한 상품 하나만 고객에게 제시하는 편이 더 나은 경우도 있습니다.

최근에는 인터넷 사이트 등에서 리뷰 등을 통해 미리 정보를 수집해서, 무엇을 살지 이미 결정한 상태로 매장을 방문하는 사람도 많습니다. 그러나 여전히 매장에서 상품을 직접 보고 비교/분석한 다음 구입하려는 사람도 많습니다.

그런데 막상 매장에 나와 보니 비슷비슷해 보이는 상품이 여럿이어서 뭘 골라야 할지 몰라 고민하게 됩니다. 그럴 때 명쾌하게 "이것이 가장 좋습니다." 하고 추천해준다면, 직원에 대한 신뢰감도 높아지고 고마움도 느끼게 될 것입니다.

그런 상황이 되면 고객이 강요당하는 느낌을 받지는 않을지 걱정하는 사람이 있을지도 모릅니다. 하지만 강요하는 것과 명쾌한 제안은 큰 차이가 있습니다. 전자는 '판매하는 사람'의 입장에서 상품을 어필하는 것이지만, 후자는 '구입하는 사람'의 입장에서 상품을 제안하는 것이기 때문입니다.

고객이 강요당한다고 느끼는 이유는 고객을 억지로 설득하려들기 때문입니다.

"이 상품은 ○○○면에서 매우 뛰어나고……." 하는 식으로 일방적으로 설명을 이어가지만, 그런 성능은 고객이 원치 않는 것일 수도 있습니다. 고객의 생각이 얼마나 잘못되어 있는지 강하게 주장함으로써, 그 생각을 바꾸려는 사람도 있습니다.

그러나 고객이 신뢰하는 직원이란 고객이 원하는 것을 정확히 파악해서 최대한 그 조건에 맞는 상품을 열심히 찾아주는 사람입니다. 이것이 바로 '무조건 강요만 하는 판매자'와 '왠지 모르게 신뢰가 가는 판매자'의 차이입니다.

그러므로 고객의 신뢰를 얻기 위해서는 가장 좋은 하나의 상품만을 추천해줄 필요도 있습니다. 다만 여기에는 다른 수많은 상품들은 모두 제쳐두고 그 상품만을 추천하는 확실한 이유가 덧붙여져야 합니다. 또한 고객에게 추천하는 '베스트 상품'의 특징에 대해서도 정확히 알고 있어야 합니다. 추천하는 상품은 자신 있게 최고라 말할 만큼 여러 면에서 뛰어난 상품이어야 하며, 그와 더불어 지금 눈앞에 있는 고객에게 그 상품이

적격인 이유도 설명할 수 있어야 합니다.

이렇듯 고객에게 꼭 맞는 베스트 상품을 추천하는 것으로 유명해진 두 매장을 소개하고, 그들의 판매 방식을 알아보겠습니다.

첫째 매장은 시계를 취급합니다. 그곳에선 직원마다 각자 추천할 상품을 생각해두도록 조치합니다. 각자 다양한 상품에 대해 면밀히 조사하게 한 다음, 각자가 생각하는 최고의 상품을 한 가지씩 정하게 합니다. 이때 고객의 기호가 성별과 취향에 따라 다르기 때문에, 유형을 나눠서 각 장르별 최고 상품을 뽑습니다.

그러다보면 같은 상품이 중복되어 선정되는 경우가 있는데, 그만큼 뛰어나다는 뜻이므로 그다지 큰 문제는 없습니다. 자신만의 다양한 고민으로 조사를 한 다음 내린 결정이므로 고객에게 자신 있게 추천할 수 있게 됩니다.

"단언컨대 이 제품이 저희 매장에 현재 비치된 것 중에 제일 좋은 상품입니다." 추천을 하는 직원의 태도는 자신감이 넘칩니다. 그러고 나서 그 이유를 설명합니다. 그러면 고객이 충분히 납득을 하고 상품을 구입하는 빈도가 높았습니다.

또 다른 매장은 가전제품을 판매합니다. 대형 가전의 경우 고객의 취향에 따라 가격대가 천차만별입니다. 그래서 이 매장에서는 가격대 별로 최고의 상품을 정해두었습니다. 우선 고객이 생각한 예상 구매가를 확인한 다음, 단 하나의 제품을 추천합니다.

"원하시는 가격대에서는 이 상품이 가장 좋습니다. 이유는 세 가지 면에서 이 상품이 가장 뛰어나기 때문입니다. 첫 번째는……."

이런 식으로 그 상품을 강력히 추천하는 이유를 함께 설명합니다. 그러면 고객은 자연스레 신뢰를 갖게 됩니다. '이 직원은 오로지 팔려는 목적으로 상품을 추천하는 게 아닌 것 같아. 진짜 좋은 상품을 추천해주려고 노력하는 걸? 왠지 믿음이 간다.'

이들 두 매장의 공통점은 전문적인 안목을 가지고 상품을 비교/분석한 뒤에 선정한 상품을 고객에게 추천한다는 점입니다. 그러므로 직원 입장에서도 추천하는 상품에 대해 더욱 자신감을 갖고 설명할 수 있었습니다.

매장에 나가서 어느 것을 골라야 할지 몰라서 직원에게 물어보면, 명쾌한 답이 돌아오지 않는 경우가 많습니다. "그것은 고객님이 결정하셔야 할 것 같습니다." 하고 공을 다시 고객에게 넘겨버리거나, 심지어 "글쎄요." 하고 건성으로 대답만 하고 아무 말도 해주지 않은 채 옆에 서 있기만 하는 직원도 있습니다.

이렇게 응대하는 이유는 섣불리 나서서 고객의 결정을 대신 해주어서, 그 결과 닥칠지 모를 불만에 책임지고 싶지 않다는 심리가 작용하기 때문입니다.

괜히 개입하기보다 얼버무려서 상황을 모면하려는 것입니다. 또 한 가지는 판매를 담당하고 있기는 하지만, 상품의 여러 특성에 대해 잘 알지 못하는 것도 원인입니다.

고객은 당신이 상품에 대해 얼마나 잘 알고 있는지, 어떤 마음으로 자신에게 권하는지 바로 감지해낼 수 있습니다.

장사 잘하는
비결 25

직접 고른 베스트 상품을 자신 있게 추천할 것!

월스트리트저널의 보도에 의하면 거대 유통업체 아마존Amazon은 고객이 '주문하고 싶은 상품'을 미리 배달하는 시스템anticipatory shipping을 특허 출원했다고 합니다. 이게 무슨 해괴한 소리일까요?

아마존은 이미 전 세계 온라인 유통 시장을 장악하고 있다고 할 만큼, 엄청난 시장점유율을 자랑합니다. 그만큼 고객 수도 많고 취급하는 제품도 다양하며, 고객의 구매 패턴에 관한 데이터 정보량도 막대합니다.

아마존은 이를 이용해 '고객이 사고 싶어 할 상품'을 미리 배송해주는 서비스를 기획 중이라는 것입니다. 즉 고객이 마음속으로 '아, ○○○이 필요한대?' 하고 생각할 때 바로 현관 벨이 울리고 그 상품이 배달되는 것입니다. 이를 위해서는 고객의 과거 구매기록, 상품 검색 기록, 위시리스트, 카트에 담긴 상품 리스트뿐 아니라 커서를 움직인 시간까지도 계산하는 복잡한 알고리즘이 필요합니다. 이 알고리즘에 따라 해당 고객 집 주변을 도는 배송차량에 미리 원할 만한 상품을 실어놓고, 고객에게 이메일을 보내줍니다.

'○○○이라는 상품이 필요하지 않으신가요? 지금 클릭만 하면 10분 후에 배송됩니다.'

고객이 원하면 클릭해 결제를 하면 되고 원하지 않으면 'No'를 누르면 됩니다. 이런 서비스라면 고객이 마다할 이유가 있을까요?

이렇듯 똑똑한데다 끊임없이 진화하는 경쟁자들과 싸워 이기기 위해서는 지금부터라도 더 세심하고 면밀하게 고객의 생각과 요구를 읽는 수밖에 없지 않을까요?

Chapter 4

당신이 바뀌면
매장의 서비스도
바뀐다

26
지금 그 웃는 얼굴,
너무 과한 거 아니야?

서비스를 할 때 미소 띤 얼굴이 중요하다는 것은 새삼 강조할 필요가 없습니다. 그러나 현실에서 '자연스럽게 미소 띤 표정을 짓는 게 쉽지 않다.'고 하소연하는 분들이 많습니다. 자연스러운 미소 띤 얼굴 표정만으로도 고객은 호감을 느낍니다.

'웃는 얼굴에 침 못 뱉는다.'는 말이 있듯이 웃는 표정은 상대방의 인상을 좋게 만들어줍니다. 하지만 어느 순간 갑자기 웃는 표정을 지으려 하면, 좀처럼 쉬운 일이 아닙니다.

저는 도심의 한 호텔을 이용하면서 그걸 직접 목격했습니다. 주변에 새로운 시설과 각종 프로모션으로 무장한 새 호텔들이 하나 둘 들어서면서, 고객들이 점차 빠져나가고 있었습니다. 호텔은 빼앗긴 고객을 되찾아 더 장기적이고 견고한 신뢰를 쌓아가기 위해서는 '서비스의 질'을 향상시키는 것이 관건이라고 판단했습니다. 그리고 직원들에게 항시 '미소 띤 표정'으로 고객을 응대할 것을 요구했습니다.

사실 이 호텔은 꽤나 긴 역사를 자랑하는데다 직원들도 경험이 많은 베테랑들이어서 이러한 사소한 요소에 대해서는 크게 신경 쓰지 않았습니다. 하지만 인터넷 공간이 등장하면서, 이 호텔에 대한 고객들의 불만 요소를 파악할 수 있게 된 것입니다. 그 중 대표적인 것이 바로 직원들이 거의 표정이 없거나 지나치게 사무적이고 건조해서 분위기가 어둡다는 것이었습니다.

따라서 호텔 지배인을 필두로 이들은 '웃는 얼굴'이라는 서비스 테마를 설정해, 늘 웃는 얼굴을 생활화하도록 했습니다. 하지만 여전히 평판은 나아지지 않았습니다. 심지어 호텔 후기 사이트에는 다음과 같은 글이 등장했습니다.

"호텔 곳곳에 '늘 웃는 얼굴로 고객을 대합니다.'라는 슬로건이 적혀 있었지만, 실상 직원들이 웃는 얼굴로 편안하게 고객을 대하고 있다는 느낌을 받지 못했다. 오히려 좀 과도하고 부자연스러운 미소가 부담스러운 느낌마저 들게 했다."

지배인을 비롯한 직원 전원은 비관론에 빠졌습니다. '우리 호텔은 친근하고 미소 띤 서비스를 하는 게 불가능한가?' 하는 자조마저 터져 나왔습니다. 호텔에 대한 전반적인 평점은 주변 호텔들에 비해 낮았는데, 특히 '서비스'가 저조한 평점의 주요 원인이었습니다.

제가 이 호텔의 개선 프로세스를 시작했을 때, 우선 지배인에게 강조해 설명한 것이 하나 있습니다. '미소 띤 표정'은 절대 마음가짐만으로 만들어낼 수 없다는 것이었습니다. '웃는 얼굴', 그것도 자연스럽게 웃는 얼굴은 오로지 '훈련'을 통해서만 만들어낼 수 있습니다.

물론 연습하지도 않았는데도 자연스럽고 아름다운 미소를 짓는 사람도 있습니다. 하지만 그런 사람은 정말 극소수에 불과합니다. 사적인 자리라면 모를까 특히 업무를 할 때에는 진심으로 우러나오는 미소를 띠기가 생각보다 쉽지 않습니다. 그러니 한 번도 훈련을 받지 않은 사람에게 갑자기 '오늘부터 웃으세요!' 하고 지시한다고 해서 하루아침에 그게 가능해지진 않습니다.

제가 제시한 직원 서비스 개선 슬로건은 '웃는 얼굴은 훈련이다!'였습니다. 그리고 본격적으로 직원들의 웃는 얼굴 만들기 훈련에 돌입했습니다. 훈련이라곤 하지만 사실 3일 정도면 어느 정도 자연스럽게 웃는 표정을 짓는 요령을 습득할 수 있습니다. 3일간 거울 앞에서 다양한 표정을 지어보이면서, 자신에게 맞는 가장 자연스러운 웃는 표정을 찾아냅니다. 그 이후에는 그 표정이 익숙해지도록 연습에 연습을 거듭해, 내 것으로 만들어갑니다.

처음 거울 앞에 서서 표정 연습을 하라고 하자, 대다수의 직원들이 매우 불쾌한 반응을 보였습니다. 특히 수십 년 경력의 베테랑 직원일수록, '서비스만 똑 부러지게 잘 해내면 되지 우리가 굳이 웃는 표정까지 연습해야 하느냐.'고 반문했습니다.

하지만 처음엔 이렇게 회의적이던 사람도 주변 사람들이 하나 둘 연습을 하고 그것을 통해 자연스러운 미소 띤 표정을 만들어가는 것을 보면서 서서히 바뀌기 시작합니다. 그리고 자발적으로 연습을 시작합니다. 그렇듯 몇 시간 연습을 계속하다보면, 사소하다고 생각했던 '웃는 얼굴 만들기', 특히 장시간 미소 띤 표정을 유지하기가 얼마나 힘든 일인지 새삼 깨닫게 됩니다. 처음의 어색함은 사라지지만, 이제는 자신과의 싸움이 시작됩니다. 이제껏 습관이 되지 않아 거의 사용하지 않던 근육들을 이용해야 하니, 얼굴 감각이 마비되는 느낌마저 듭니다.

2일차가 되면 요령이 생겨 처음보다는 훨씬 자연스러워집니다. 2일차 후반에 이르면, 그룹을 지어 서로의 웃는 얼굴을 관찰하게 하고 서로 솔직하게 의견을 교환하며 평가하도록 합니다. 어색하게 웃는 사람은 다른 멤버들로부터 지적을 받게 됩니다. 이렇게 웃으면 더 좋겠다는 식의 조언도 받습니다. 이런 과정을 거치면서 모든 직원들이 자연스럽고 예쁜 미소를 갖게 됩니다.

3일차는 웃는 표정을 연습하는 것에 그치지 않고 자기 것으로 소화할 수 있도록 준비하는 단계입니다. 즉 '웃는 얼굴'이라고 할 때에도 엷은 미소를 짓는 것부터 크게 소리 내어 웃는 것까지 그 강도가 다릅니다. 강도를 달리 하며 다양한 웃음을 마스터합니다.

이렇게 3일간의 연습을 거치면 누구나 자연스러운 웃음을 만들 수 있습니다.

웃는 얼굴을 만드는 연습은 어디서든 할 수 있습니다. 좀처럼 자연스럽고 예쁜 웃는 표정이 지어지지 않는 사람은 반드시 거울을 보며 연습을 해 보기 바랍니다. 단, 훈련을 통해 만든 웃는 얼굴과 진심이 담긴 웃는 얼굴은 확연히 다릅니다.

그러니 연습을 통해서나마 최대한 자연스럽게 웃는 얼굴을 만들되, 점차 진심을 담아 웃어보려 노력합니다. 겉으로는 그다지 차이가 없어보일지라도 고객에게 전해지는 임팩트가 큰 쪽은 역시 만들어진 쪽보다는 진심이 담긴 웃음일 테니까요.

> **장사 잘하는 비결 26** 웃는 얼굴은 연습만이 만들어준다,
> 딱 3일만 투자하라!

27

새우등을 한 직원에게는
사고 싶지 않아!

제가 미국의 대학교에서 유학하던 시절의 일입니다. 제 전공은 경영학이었는데, 거기에는 법률 수업도 포함돼 있었습니다. 교수님은 현직 재판관으로, 교과서에 나오지 않는 흥미진진한 실제 사례를 많이 들려주셨습니다. 그때 들은 한 학기의 수업은 제게 많은 인상을 남겨주었습니다.

교수님이 들려주신 이야기 중에 인상적인 것 하나는 이것입니다. 재판에서 판결을 다툴 때 정확한 사실 근거는 매우 중요합니다. 그러나 그것 못지않게 주장하는 사람의 '인상'도 매우 큰 비중을 차지한다고 교수님은 말해주었습니다. 주장을 할 때 그 사람이 표정, 복장, 태도, 말투, 제스처 등 다양한 요소를 얼마나 능수능란하게 잘 배합해 구사하는가가 재판 결과에 큰 영향을 준다는 것입니다. 교수님은 그중 하나로 '항상 자세를 바르게 하고 어깨를 쫙 펴야 한다.'고 강조하셨습니다. 자세의 중요성을 새삼 깨우쳐주는 대목입니다.

변호사를 포함한 미국의 전문직 종사자들은 세련된 정장을 입고 바른 자세로 당당하게 행동합니다. 품격이랄까, 그 사람에게서 풍기는 전체적인 인상을 보면 '아, 저 사람은 재판에서 이길 것 같다.' 하는 느낌이 듭니다. 자기만의 어필 방법이겠지요.

확실히 어깨를 반듯이 펴는 것만으로도 자신감을 어필하는 효과가 있습니다. 또한 상대방으로 하여금 '저 사람은 분명 잘해낼 것 같다.'는 생각이 들게 만드는 효과도 있습니다. 저는 오랫동안 미스터리 쇼핑 컨설팅을 하면서, 매장에서 수많은 직원들의 자세를 관찰해왔습니다. 판매와 서비스도 일종의 인간관계이고, 인간관계에서는 인상이 매우 중요한 역할을 합니다. 자세가 좋은 사람에게는 자석처럼 고객이 다가가게 마련입니다. 반면 자세가 나쁜 사람은 그 존재만으로 좋지 못한 인상을 갖게 하고, 이는 매장 전체의 이미지 하락으로 이어집니다. 뭘 그렇게까지 극단적으로 말하느냐고 반문하는 분도 있겠지만, 이는 제가 직접 목격한 수많은 데이터를 통해 실제 검증한 내용입니다.

만약 매장의 분위기가 침체돼 있고 손님도 줄었다면, 반듯한 자세로 당당하게 고객을 맞이하는 것부터 시작해 보길 권합니다. 그것만으로 매장의 인상이 바뀝니다.

자세만으로 인상을 바꿀 수 있는데도, 대부분의 사람들은 자세의 중요성을 간과합니다. 이는 매우 유감스러운 일입니다. '곧은 자세' 하면 떠오르는 게 기내 승무원입니다. 어깨를 펴고 당당하게 걸어가는 승무원을 보면, 프로페셔널 하다는 인상을 받습니다. 하지만 따지고 보면 기내 승무원이 하는 일의 대부분은 날아다니는 비행기 안에서 이런 저런 고객의 잔심부름을 하는 것에 지나지 않습니다. 프라이드는 다른 사람이 부여해주는 것이 아닙니다. 나 자신이 만드는 것입니다. 기내 승무원에게 자세는 프로페셔널 하고 당당한 서비스를 위한 하나의 중요한 요소인 것입니다.

실제 한 남성의류 매장에서 있었던 일입니다. 일요일 오후, 부부가 쇼핑을 하기 위해 방문했습니다. 이런 저런 상품들을 둘러보고 있는데, 때마침 한 직원이 다가와 말을 걸었습니다.

"남편 분 재킷을 고르시나 보네요."

하지만 부인 쪽은 마뜩치 않은 표정입니다. 고객이 반응을 보이지 않자 직원은 거리를 두고 더 이상 따라 가지 않았습니다. 조금 뒤, 다른 직원이 고객에게 다가갑니다. 그러자 부인은 곧바로 이것저것 찾고 있던 상품에 대해 설명하기 시작했습니다. 결국 이들 부부는 그곳에서 상당히 많은 옷을 구입했습니다.

나중에 전화 설문을 통해 직원 서비스에 대해 조사할 때, 저는 유독 관심을 두고 체크해두었던 이 부부에게 직접 전화를 걸어보았습니다. 처음 직원이 다가갔을 때는 아무것도 사고 싶지 않다는 표정이더니, 왜 다른 직원이 다가갔을 때는 선뜻 말을 걸고 더군다나 많은 상품을 구입했는지 궁금했기 때문입니다. 부인이 들려준 이야기는 예상 외였습니다.

"그 사람은 어깨가 구부정한 채로 왠지 의욕이라곤 없어 보이는 모습이었어요. 그냥 왠지 저 사람이 골라주는 양복은 사고 싶지 않다는 기분이 들었죠. 스스로도 자기 일에 의욕이 없고 자신감이 없는데, 내게 제대로 된 것을 골라줄 수 있을까 하고 의문이 들었어요. 그와 달리 다른 직원은 당당하고 자신감 넘치는 자세였습니다. 왠지 모르게 신뢰가 갔다고 할까요? 아니나 다를까 실제 그 직원이 권해주는 상품들은 제 마음에 들었습니다."

고객이 자세를 탐탁지 않아 했던 그 직원은 얼마 후 사직을 했습니다. 냉정해 보이지만, '자기관리 하나 제대로 못하고 자신감이 결여돼 있는 사람이 골라준 양복을 입으면, 왠지 나에게까지 그 기운이 전염될 것 같다.' 하는 생각을 고객은 하게 마련입니다. 무슨 이유로 사직을 했는지는 알 수 없으나, 아마도 고객으로부터 긍정적인 피드백, 즉 인정을 받지 못한 것이 그 직원에게는 일종의 악순환으로 작용했는지도 모르겠습니다.

어깨를 펴고 자세를 바르게 하는 것은 하나의 이미지 전략입니다. 변호사나 승무원이 그렇듯이 말입니다. 항상 사람들이 나를 보고 있다는 것을 의식하고, 호감도를 높이기 위해 노력해야 합니다. 어느 직군에서나 통하는 이야기입니다. 당당해 보이는 것만으로도 30퍼센트 정도는 호감도가 높아집니다. 간단해 보이지만, 우리가 일상에서 간과하기 쉬운 요소입니다.

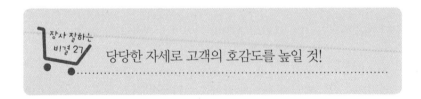

장사 잘하는 비결 27 당당한 자세로 고객의 호감도를 높일 것!

28
부탁이니까 그렇게
바라보지 말아줘……

동양인은 서양인들에 비해 아이 컨택eye contact, 즉 상대방의 눈을 보고 말하는 데 익숙하지 않다고들 합니다. 서양 문화권에서는 상대방과 눈을 마주치며 이야기하는 것이 서로를 신뢰한다는 표시이며, 눈을 마주치지 않는 것을 실례라고 생각합니다. 그래서인지 최근에는 사람을 대하는 매너의 하나로 '상대방의 눈을 보며 이야기하는 것'의 중요성을 많이들 강조하곤 합니다. 하지만 그게 정말 다일까요?

눈을 보고 말하는 것보다 더 중요한 것은 '어떻게 바라보느냐.'입니다. 애써 상대의 눈을 바라보고 얘기했는데, 고객은 오히려 불쾌감을 느끼기도 합니다.

서비스가 훌륭한 한 미용실에서는 항상 스타일링을 하기 전에 직원이 고객을 마주하고 간단히 상담하는 절차를 거치곤 합니다. 보통 한 사람을 상담하는 데 5~10분 정도가 걸립니다. 고객은 직원에게 자신이 원하는 스타일이 무엇이며 헤어스타일을 관리할 때 무엇이 제일 고민되는지 등을 이야기하고 직원은 그것을 반영해 스타일링을 추천합니다. 그들은 모두 미용사이기도 합니다.

그런데 유독 B씨는 미용실이 새로 도입한 이 상담 절차 때문에 고민이 많습니다. 고객의 서비스 평가서에 꼭 B씨의 상담 태도에 대한 클레임이 등장하기 때문입니다. 한 평가서 내용을 보니 이렇게 씌어 있었습니다.

'미용 기술은 뛰어나지만, 상담을 할 때는 기분이 좋지 않다. 미용사가 아니라 판매원과 이야기하는 기분이다. 머리카락이 푸석푸석하다고 하면 그에 대한 진솔한 조언을 해주는 대신 상품만 판매하려고 한다. 좀 더 고객의 입장에서 대응해주었으면 좋겠다.'

이런 평가서를 읽고 B씨는 자신감이 완전히 바닥으로 떨어졌습니다. 장사만 하려고 그런 게 아니고 개인적으로 써보아도 정말 좋은 제품이기에 진심으로 권하는데도 고객은 강요받는 느낌을 갖는다는 게 이상하기만 했습니다. 도대체 어떻게 해야 그런 인상을 주지 않을지 고심하느라 밤잠을 설칠 지경이 되었습니다.

이런 B씨의 고충을 듣고, 저는 고객과 상담하는 자리에 동석해 보았습니다. 그는 매우 성실한 직원이고, 고객의 고민에 대해서도 진지하게 어드바이스 해주려 애썼습니다. 그리고 머릿결이 좋아지는 데 도움이 되는 몇 가지 적절한 상품을 권유했습니다. 직접 들어보니 판매를 강요한다는 뉘앙스는 전혀 느껴지지 않았습니다.

그런데 이상한 점이 한 가지 있었습니다. 상품을 설명할 때 B씨의 시선이었습니다. B씨는 고객의 눈을 뚫어져라 응시하고 있었습니다. 마치 시선이 고정된 듯 오로지 고객의 눈만 보고 있었습니다. 상품을 꺼내와 설명을 할 때에도 고객의 눈에만 시선을 주었습니다. 마치 뭔가에 홀린 사람처럼 한 곳만 계속 응시하고 있었던 것입니다. 그의 '말'은 결코 흠잡을 데가 없었습니다. 문제는 그의 '시선'에 있었습니다.

'상대의 눈을 보며 말한다.'는 커뮤니케이션의 기본 원칙이 남용된 대표적인 사례였습니다.

눈을 응시한다는 것은 상대의 눈에 초점을 맞춰 뚫어져라 응시하라는 의미가 아닙니다. 그러면 상대방은 취조 당하는 느낌, 압박 받는 느낌을 받습니다. 마치 눈동자를 들여다보며 '네가 무슨 꿍꿍이속인지 내가 꿰뚫어 보겠어.' 하고 무언의 압력을 보내는 형사를 마주할 때처럼 말입니다.

상대의 눈을 바라볼 때의 시선 처리 방법은 고객의 얼굴을 중심에 두고 180도 시야로 보는 것입니다. 그러면 상대방은 내가 쏘아본다는 느낌을 받지도, 눈을 피하며 말한다는 느낌을 받지도 않습니다. 전체적으로 부드러운 인상을 줄 수 있다는 말입니다.

저는 당장 미용실 전 직원들을 대상으로 이 '180도 시선'을 연습시켰습니다. 고객의 말을 경청할 때에도 180도, 내 쪽의 이야기를 할 때에도 180도를 지킵니다. 180도 시선을 보내면, 자연스레 고객의 좌우가 시야에 들어오게 됩니다. 즉 시선 전체가 상대방을 감싸듯 바라보게 되는 것입니다. 이렇게 하면 고객은 편안함을 느낍니다.

눈만 집요하게 쳐다보며 말을 건네면, 상대방은 강요의 메시지로 해석합니다. 무언가를 판매할 때 한 곳을 응시하는, 즉 시선을 내리꽂듯 상대도 같은 곳을 바라보도록 유도하는 시선은 오로지 '자, 여기 있습니다.' 하고 상품을 쳐다볼 때에만 사용합니다.

B씨는 이제껏 자신의 시선 처리에는 전혀 신경 쓰지 않았습니다. 아니 오히려 상대의 눈을 바라보며 말한다는 원칙에 충실하다고 생각해왔습니다. 하지만 그 시선 자체가 강요당한다는 느낌을 받게 만들었던 것입니다.

일주일쯤 지나자 B씨는 '180도 시선'에 꽤 익숙해진 듯했습니다. 저는 다시 한 번 그가 고객과 상담하는 자리에 동석했습니다. 이제는 그가 말을 할 때나 고객의 이야기를 들을 때나, 예전에는 없었던 여유가 느껴졌습니다. 흥미로운 점은 말투도 훨씬 부드러워져서 이전과 매우 다른 분위기였다는 것입니다.

그 이후 평가서에서는 '판매만 강요하는 듯한 느낌을 받았다.'는 식의 평가가 사라졌습니다. 또한 상담과 스타일링 모두 마음에 들어 재방문을 하고 B씨를 지목해 예약을 하는 고객도 늘었습니다. B씨가 자신감을 찾은 것은 물론입니다.

고객과 대화를 나눌 때에는 눈만 계속 응시하는 대신 좀 더 넓은 시야

를 의식하고 부드러운 시선으로 바라보도록 합니다. 그것만으로도 충분
히 부드러운 인상을 만들 수 있고 고객에게 신뢰를 줄 수도 있습니다.

눈을 보며 대화할 때의 키포인트는 180도 시선!

29

좀 더 친근하게
말을 걸어줄 순 없을까?

요즘 매장을 방문하거나 문의사항이 있어 업체에 전화를 걸어본 사람들의 경험담을 들어보면, 한 가지 의외의 현상을 접하게 됩니다.

'서비스가 불친절하고 말투가 퉁명스러워서 불만이다.' 하는 의견 못지않게 '지나친 존칭과 과도한 격식 때문에 오히려 불편하다.'는 의견이 많이 접수되기 때문입니다.

이제 막 매장에서 고객을 응대하는 신입직원, 또 전화로 각종 문의에 대한 상담을 진행하는 직원들, 이들은 사회생활을 시작하면서 이전에는 경험하지 못했던 새로운 용어와 표현을 익히느라 분주합니다. 특히 존댓말의 경우는 익숙하지 않아 당황스러울 때가 많습니다. 그러다보니 정작 존댓말을 붙여야 할 부분이 아닌 엉뚱한 곳에 존댓말을 남발하기도 합니다. 이런 어색한 표현 때문에 고객은 오히려 불편함을 느끼게 되고, 때로는 '지나치게 격식을 차리는 게 오히려 더 자연스럽지 않다.' 하는 느낌을 갖게 되는 것입니다.

물론 존댓말은 매우 중요합니다. 제대로 된 존댓말을 잘 활용하면 품위 있어 보일 뿐 아니라 제대로 대접 받고 있다는 마음에 상대방의 기분도 좋게 만듭니다. 하지만 지나치게 의식해서 사용하게 되면 결국 딜레마에 빠져버리기 쉽습니다. 존댓말을 무리하게 사용해서 고객에게 부담을 주는 경우, 정확한 경어를 사용하려 신경 쓴 나머지 다른 일에는 소극적이 되는 경우, 모든 고객에게 일률적으로 정해진 말만 사용하게 되는 경우도 있습니다.

원래대로라면 방문한 고객을 기억하고 자주 방문하는 고객과 처음 방문한 고객을 구별해서 대하는 방법을 달리 해야 합니다. 자주 방문하는 고객은 이전보다는 좀 더 자연스럽고 친근감이 느껴지도록 대해야 합니다. 어떤 상황에서든 포커페이스가 되어 똑같이 대하는 것은 진정한 서비스라고 하기 어렵습니다. 하지만 이런 상황에 어떻게 적절히 처신해야 할지 갈피를 잡지 못하는 사람이 많습니다.

한 화장품 매장에서 있었던 일입니다. 매달 거의 정기적으로 방문하는 고객인데도, 판매를 담당하는 직원은 마치 처음 온 고객을 대하듯 말투에 변함이 없었습니다. 지나치게 공손하게 고객을 대하려 한 나머지, 말투를 바꾸지 못한 것입니다. 이 때문에 시간이 지나도 고객과 직원의 거리는 전혀 줄어들지 않았고 신뢰관계도 생겨나지 않았습니다.

이후 그 직원이 일을 그만두고 다른 직원이 담당하게 되자, 같은 고객의 구입 금액이 늘어나기 시작했습니다. 새로운 직원이 친근감 느껴지는 말투로 대해주었기 때문에 고객은 스스럼없이 상담이나 질문을 하게 되었습니다. 원래부터 이 고객은 해당 브랜드 자체를 선호하고 있었기 때문에 직원과의 신뢰관계가 깊어지자 구입 금액도 늘어났던 것입니다.

몇 번을 방문해도 직원의 말투에 변함이 없다면, 고객은 자신을 그다지 소중하게 여기지 않는다고 느낍니다. 그 결과, 구매 금액이 줄어들거나 고객이 다른 매장으로 빠져나가버리는 일까지 생깁니다. 지나치게 정중한 대응이 오히려 역효과를 부른 것입니다. 너무나 안타까운 일이 아닐 수 없지요.

그렇다면 고객은 어느 정도의 말투를 원할까요? 고객의 입장에서 생각해 봅시다. 당신이 고객이라면 직원이 완벽한 존댓말을 사용하며 대해주길 바랍니까? 하나의 단어, 하나의 문장조차 결코 틀려서는 안 된다고 생각합니까?

일반 고객 대다수는 '보통의 말투'라면 특별히 문제가 없다고 느낍니다. '보통의 말투'란 어느 정도 정중함이 느껴지는 정도를 의미합니다. 그 상태에서 친근한 대응을 원하는 고객에게는 좀 더 친근감이 느껴지는 말투로 대합니다. 너무 정확한 존칭과 경어를 사용하려고 하면 오히려 고객은 위화감을 느끼게 됩니다.

물론 경어를 도무지 어떻게 사용해야 할지 전혀 모른다면, 그것은 문제가 있습니다. 하지만 '고객은 정작 완벽한 경어를 원하지 않는다.'고 마음을 바꿔먹는 것 자체로 마음이 편안해지지 않나요? 경어가 완벽하냐 아니냐보다 고객이 묻는 것에 최선을 다해 열심히 대답하고 흥미로운 정보를 제공해주는 쪽이 훨씬 더 고객의 신뢰를 높여줍니다. '최선을 다해 고객을 대하고 있다.'는 것을 보여주는 것이 무엇보다 가장 중요합니다.

여기에서 이해해야 할 점은 '존댓말 같은 건 중요하지 않다.'고 단정적으로 말하는 게 아니라는 것입니다. 다시 한 번 반복하지만, 존댓말은 고객을 응대할 때 소홀히 하면 안 될 만큼 매우 중요합니다. 하지만 고객이 원하는 존댓말의 수준은 100퍼센트 완벽한 정도가 아닌 80퍼센트 정도라고 보는 게 정확합니다. 이 점에 주목해달라는 것입니다.

물론 당신이 판매하는 제품이나 서비스에 따라 고객의 요구수준은 조금씩 달라질 것입니다. 고가의 상품이나 고급 서비스라면, 고객은 100퍼센트에 가까운 존댓말을 기대할 것입니다. 반면 할인점 등의 경우라면 고객은 80퍼센트보다 조금 더 낮은 기대치를 갖고 있을 것입니다. 오히려 활기가 느껴지는 자연스러운 말투와 웃는 얼굴 쪽을 훨씬 더 중요하다고 여깁니다. 그러므로 매뉴얼대로 완벽한 존칭과 경어를 써야 한다는 강박을 벗고, 고객이 진정으로 원하는 서비스를 실천해나가도록 노력할 필요가 있습니다.

장사 잘하는 비결 29 지나치게 정중한 말투에만 얽매이지 말 것!

30
보이지 않는 노력이 더욱 가치 있게 마련!

한 고급 레스토랑에서 처음 현장으로 투입된 신입직원의 이야기입니다. 손님이 식사를 마치고 커피를 주문했습니다. 물론 사전에 접객 연습을 몇 번 하긴 했지만, 처음 현장에 나와 너무나 긴장한 나머지 커피를 조금 흘려버렸습니다. 불행히도 고객의 양복에 말입니다.

다행히 고객은 전혀 언짢아하지 않고 '괜찮다.'고 말해주었습니다. 하지만 직원으로서는 심각한 고민거리였던 모양입니다. 그날 이후 그는 매일 30분 먼저 출근해서 커피나 와인 등을 테이블에 내려놓는 것을 수없이 연습했습니다. 때로는 선배에게 고객 역할을 해달라고 부탁하고, 실제 상황이라고 가정하며 연습을 반복하기도 했습니다. 그렇게 며칠이 지나자 커피나 와인이 담긴 잔을 운반하는 것에 자신감을 갖게 되었습니다.

또 하나의 사례를 들어보겠습니다. 이것은 홍차 판매회사에서 일하는 분으로부터 직접 들은 이야기입니다. 이 매장에서는 신입직원을 출근 첫 날부터 현장에 투입한다고 합니다. 연수도 받지 않은 상태로 고객을 대응해야 하기 때문에, 처음에는 고객의 질문에도 제대로 대답하지 못하고 당황해 하는 등 거의 모든 신입직원이 매우 힘들어한다고 합니다.

사실 이 회사는 이런 상황에 어떻게 대처해나가는지 보기 위해서 일부러 연수도 생략한 채 무조건 현장에 투입시키는 것입니다. 개중에는 좀처럼 적응하지 못해서 도저히 안 되겠다며 그만두는 사람도 있습니다. 반면 매장에 온 고객에게 어떻게든 물건만 팔면 된다고 생각하는 사람도 있습니다. 이런 사람은 아무리 시간이 흐르고 업무에 적응을 해도, 이런 기본적인 철학이 바뀔 리 없습니다. 왜냐하면 고객에게 홍차를 판매한다는 것에 담긴 자기 업業의 본질에 대한 이해가 없이 '실적을 위해 고객을 이리저리 구슬리는 것'에만 익숙해지기 때문입니다.

하지만 드물게 이 과정에서 역량을 드러내는 신입직원도 있다고 합니다. 일을 시작한 지 일주일밖에 안 됐는데, 모든 제품의 특징과 장단점을 모두 암기하고 제품의 위치를 파악하고 고객에게 능숙하게 설명해낸 직원도 있다고 합니다.

첫 주 일요일에는 휴일마저 반납한 채 제품 공부에 매진했던 이 직원은 결과적으로 다른 직원보다 훨씬 빨리 업무를 익힐 수 있었고, 상사와 고객으로부터 매우 높은 평가를 받게 되었습니다. 단 하루의 휴일을 포기하고 공부한 결과가 이후 업무에 큰 영향을 미친 것입니다.

학교 다닐 때 선생님으로부터 예습의 중요성에 대해 들어본 적이 있을 것입니다. '준비'는 다른 사람들보다 빨리 스킬을 익힐 수 있게 도와줄 뿐 아니라 자신감을 갖게 해줍니다. 똑같은 신입으로 입사해도 사전 준비를 한 사람과 하지 않은 사람은 단 3개월만 지나도 그 차이가 뚜렷해집니다. 그리고 반년, 1년이 지나면 그 차이는 세 배 정도까지 벌어지게 됩니다.

'모처럼 쉬는 날인데 일하고 싶지 않다!'는 기분이 드는 게 당연합니다. 휴일에는 충분히 휴식을 취해주어야 다음 날 일을 하는 데도 지장이 없겠지요. 하지만 일을 배우는 초기의 며칠은 능숙해진 후의 며칠보다 훨씬 중요합니다.

하루 종일을 투자하는 게 아깝다면 단 몇 시간이라도 좋습니다. 휴일을 희생하는 게 쉽지 않다면, 앞서 말한 레스토랑 직원처럼 근무일에 짤막하나마 먼저 준비하는 시간을 낼 수도 있을 것입니다. 준비에 일정 시간을 투자하는 것만으로도 매일 맡고 있는 업무의 생산성이 높아지고, 결과적으로 능숙히 단시간에 일을 끝마칠 수 있게 됩니다. 다시 말해 사전 준비에 들이는 시간이 그 몇 배의 효과를 가져다줄 수 있다는 이야기입니다.

사전 준비를 통해 처음부터 여유롭게 일을 시작할 것인가, 아니면 아무 노력 없이 일에 익숙해지기만을 마냥 기다릴 것인가. 만약 당신이 고객 서비스의 달인이 되고자 한다면 어느 쪽을 선택하시겠습니까?

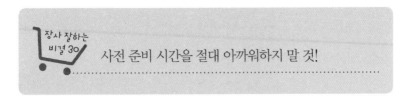

장사 잘하는 비결 30   사전 준비 시간을 절대 아까워하지 말 것!

31
순식간에 업무모드로 변신하다니 대단한 걸!

여러 매장에서 미스터리 쇼핑 컨설팅 업무를 하면서 깨닫게 된 사실 중 하나는 바로 'ON/OFF 전환이 뛰어난 사람'이야말로 '잘 되는 사람'이라는 것입니다. 최근 몇 년간 라디오나 텔레비전 방송에 출연할 일이 늘어나면서, ON/OFF 전환의 중요성을 새삼 더더욱 절감하게 되었습니다.

TV 생방송에 처음 출연했을 때의 일입니다. 저를 포함한 전문가 패널과 연예인, 전문 아나운서 등 무대에 올라와 있던 이들은 저마다 물을 마시거나 목소리를 가다듬는 등 준비로 분주했습니다. 그런데 몇몇 베테랑 방송인들을 보니 저 같은 전문가 패널에 비해 매우 자연스러운 모습이었습니다. 휴대전화를 들고 사적인 통화를 하는 이도 있었습니다. 방송 전에는 모두들 그야말로 일말의 긴장도 하고 있지 않은 듯 편안해 보였습니다. 저는 내심 생각했죠.

'매일 하는 방송이니 익숙해서 그렇겠지. 그래도 본방송 시간이 다가오면 조금은 긴장하지 않겠어.'

하지만 방송 시간이 임박해도 여전히 긴장하는 모습은 조금도 찾아볼 수 없었습니다. 오히려 즐겁게 웃으며 수다를 떨기까지 해서 '저래도 정말 괜찮은 걸까?' 하고 걱정이 될 정도였습니다.

그런데 방송 직전 카운트다운에 들어가자마자 상황은 완전히 달라졌습니다. 지금까지 웃고 떠들던 분위기가 한순간에 바뀌면서, 모두들 순식간에 방송 모드로 전환되었던 것입니다. 그야말로 단 몇 초 만에 일어난 일이었습니다.

방송인의 경우 텔레비전 앞에 앉아 있는 시청자가 고객인 셈입니다. 방송은 시청자의 지지율, 즉 시청률에 따라 향후 각자의 미래가 결정되는 엄정한 세계죠. 따라서 연예인을 포함한 전문 방송인은 '내가 어떻게 화면에 비춰질까?'에 매우 숙련되어 있는 사람들입니다. 밝은 표정, 자연스러운 미소를 끊임없이 숙련하고 자신을 어필하기 위해 최선을 다합니다. 집에 우환이 있거나 오늘은 컨디션이 좋지 않아 별로 마음이 내키지 않는다고 해도, 그런 개인적인 감정을 방송에서 드러내는 일은 용납되지 않습니다.

하지만 우리 업무 현장에서는 이러한 ON/OFF 전환을 잘 못하는 사람들이 상당수입니다. 업무시간이 되었는데도 그 전부터 하고 있던 잡담에서 벗어나지 못하는 사람, 개인적인 감정이나 그날의 기분이 일을 하는 동안에도 고스란히 드러나는 사람도 있습니다.

　그러나 방송인처럼 우리 음식점, 소매업, 서비스업에 종사하는 사람 역시 고객으로부터 혹독한 채점을 받는 전문가들입니다. 고객이 외면하는 사람은 언젠가 이 일에서 퇴출될 수밖에 없으며, 고객의 인정을 받지 못하면 내가 원하는 성공도 만들어낼 수 없습니다. 그러나 방송에서처럼 누군가가 카운트다운을 해주는 것은 아닙니다. 그러므로 우리들의 ON/OFF 전환은 스스로의 마음가짐으로 해나가야 합니다.

　말이 쉽지, ON/OFF 전환이란 것이 좀처럼 쉽지만은 않습니다. 그러므로 일을 시작하기 직전에 특정한 행동을 습관화하는 것도 좋은 전환 방법이 될 수 있습니다. 예를 들면 마음을 다잡는 문구가 쓰인 카드를 읽거나, 거울을 보고 머리나 옷차림을 정돈한 뒤에 일을 시작합니다. 저는 이런 방법을 일컬어 '후크hook'라고 부릅니다. 자신만의 '후크'를 준비해 두면 ON/OFF 전환이 훨씬 수월해집니다. 처음에는 누구나 익숙하지 않기 때문에, '특정 행동(후크)을 하면 업무 모드로 들어가는 신호다!'라고 스스로와 약속을 하는 것입니다.

　무엇이든 '후크'가 될 수 있습니다. 일을 시작하기 전, 화장실에서 조그맣게 구호를 외치면서 마음을 다잡을 수도 있습니다. 거울을 보며 스스로에게 격려의 윙크를 건넬 수도 있습니다. 특별히 특정한 행동을 하지 않아도 유니폼을 갈아입는 순간을 후크로 삼을 수도 있습니다. 업무 회의를 할 때에는 '시작합시다!' 하고 좌중을 환기하는 것이 후크가 될 수 있습니다.

'후크'가 가진 최대 장점은 업무에 대한 집중력을 높여준다는 것입니다. 물론 굳이 후크를 하지 않아도 자연스럽게 일에 몰두할 수 있는 쪽이 가장 이상적일 것입니다.

저는 당시 방송인들의 빠른 ON/OFF 전환을 보고 감탄했습니다. '정말 대단하다. 이게 바로 방송가로구나!' 하고 새삼 느꼈던 것입니다. 방금 전까지 편안하게 웃고 떠들던 같은 사람이지만, 방송에서 웃고 떠드는 모습에는 좀 더 파워가 잔뜩 실려 있는 느낌이었습니다. 표정이나 말투, 말의 타이밍조차 방송 전과 방송 개시 후는 완전히 달라져 있었습니다. 물론 방송인 중에서도 ON/OFF 전환이 잘 안 되는 사람이 있을지 모릅니다. 하지만 대다수는 '방송인만의 스위치'를 갖고 있는 듯했습니다.

우리처럼 눈앞에 있는 고객에게 그때그때 즉각적으로 서비스를 제공해야 하는 사람들이야말로, 그런 스위치가 더욱 필요한 것 아닐까요?

장사 잘하는 비결 31   업무모드로 몰입하는 나만의 '후크'를 만들 것!

164

32

따라 하는 것만으로도 훨씬 좋아질 수 있어!

'목표를 세우세요!'

귀가 따갑도록 들어온 말일 것입니다. 목표의 중요성을 새삼 힘주어 강조할 필요조차 없습니다. 목표가 있으면 나아가야 할 방향이 명확해집니다. 마라톤을 할 때 결승점이 보이지 않는다면, 언제까지 달려야 할지 감이 오지 않을 것입니다.

일에서도 목표는 중요합니다. 목표가 명확히 서 있지 않으면, 계획을 세우는 데에도 소홀해지게 됩니다. 매출이나 성과를 의미하는 숫자도 좋고, 프로로서 도달하고 싶은 자신의 모습을 그려보는 것도 좋습니다. 그러나 무엇보다 '사람의 힘'이 중요한 서비스업에서는 이른바 '서비스의 달인'들을 목표로 삼는 것도 매우 바람직한 방법입니다.

다시 말해 결승점에 '내가 되고 싶은 사람, 내가 닮고 싶은 사람'을 놓아두는 것입니다. 노력을 경주해서 마침내 그 결승점에 도달했다 판단되면, 다음 타깃을 다시 결승점으로 설정해두고 목표로 삼습니다. 이렇듯 '되고 싶은 사람을 따라 하는 것'만으로도 성장의 훌륭한 발판이 되어줍니다.

주변을 아무리 둘러보아도 도무지 닮고 싶은 사람이 없다면 어떻게 해야 할까요? 그럭저럭 직급이 높고 연륜이 많은 아무나 목표에 올려두어도 될까요?

그러나 그 정도로는 진심으로 따라 하고 싶다는 마음이 들 리 없습니다. 중요한 것은 그 사람을 떠올리기만 해도 가슴이 두근거릴 정도로 '정말 대단하다. 어떻게든 저 사람처럼 되고 싶다.' 하는 마음이 일어나야 한다는 점입니다. 알고 있는 사람 중에 그런 인물이 없다면, TV나 잡지에 소개된 인물이라도 상관없습니다.

그 사람과 같은 곳에서 일하는 상황을 떠올려봅니다. 내가 하는 업무와 직접적인 연관이 없는 사람이라면, 우연한 기회로 만나 대화를 나누는 장면을 상상해 보는 것도 좋습니다. 가능한 한 구체적으로 그 사람의 이미지를 떠올리는 것이 중요합니다.

일단 결승점이 명확해지면, 그 다음에는 그 결승점을 향해 달려갈 일만 남았습니다. 누구든 기나긴 마라톤과도 같은 여정을 달리다보면, '이제 더 이상은 못 달릴 것 같다. 포기해 버릴까?' 하는 생각이 들 때가 있습니다.

하지만 목표를 떠올리며 이런 슬럼프를 극복한다면, 목표에 더욱 가까이 다가갈 수 있을 것입니다.

이 방법으로 성장을 경험한 한 사람이 있습니다.

미용실에서 일하는 C씨는 장래에 대한 막연한 불안감을 느끼고 있었습니다. 이야기를 들어보니 미용 기술에는 충분히 자신이 있지만, 미래를 떠올리면 막막하고 불안해지기만 한다고 했습니다. 저는 C씨에게 미래의 자신이 어떤 모습이었으면 좋겠는지 물었습니다.

직업을 바꾸고 싶다거나 구체적으로 어떤 모습이 되고 싶다는 생각도 없었지만, C씨는 어떤 삶을 살고 싶은지에 대해서조차 제대로 대답을 하지 못했습니다. 한 번도 어떤 모습이 되고 싶은지에 대해 생각해 본 적이 없었기 때문입니다. 그는 어디로 향해 달려가야 할지 모른 채, 그저 가만히 그 자리에 서 있기만 한 상태였습니다. 그러니 막연한 불안감이 드는 것도 이상할 리 없지요.

저는 C씨에게 어떻게 미용 일을 시작하게 되었는지, 이 매장에 오게 되었을 때는 기분이 어땠는지 등등 구체적인 질문을 건네면서 꽤 오랜 시간 대화를 나눴습니다. 그리고 마침내 그에게 닮고 싶은 사람이 있다는 것을 알게 되었습니다.

그 사람은 이곳 매장의 넘버원으로, 누구도 따라 잡기 힘든 기술과 세련된 외모와 태도 등으로 고객들 사이에서 인기를 한 몸에 받고 있었습니다. 매년 두세 차례 해외 연수를 다녀오고 미용 전문가들을 대상으로 강의까지 하는 그 선배의 모습이 부럽긴 하지만, 한편으로는 발끝조차 따라 잡기 힘든 존재라는 느낌을 갖게 했습니다. 하지만 그 선배를 떠올릴 때마다 열정과 에너지가 솟는 것은 사실이었습니다.

C씨가 자기 일에 애정을 갖고 있고, 또한 성장할 수 있는 충분한 기본기를 갖추고 있다는 것은 명백한 사실이었습니다. 다만 그에게는 뚜렷한 목표가 없었을 뿐입니다. 저와의 면담을 마치고 C씨는 '넘버원 선배'를 목표로 설정했습니다. 쉬운 목표는 아니었습니다. 그러나 따라 잡지 못한다는 법도 없습니다.

C씨는 현재 자신에게 무엇이 부족하며, 어떻게 하면 넘버원 선배를 따라 할 수 있을지 면밀히 계획을 세웠습니다. 우선 다양한 최신 미용 기술을 연마하는 계획부터 세웠습니다. 아직 해외 연수를 갈 수 있는 형편은 못 되지만, 우선 전문 잡지를 구독하고 동영상 강의를 통해 공부를 하는 등 자신이 할 수 있는 선에서 넘버원 선배를 따라 할 만한 계획을 세웠습니다. 이제 목표가 명확해졌으니, 그 다음은 C씨 스스로가 얼마나 노력하느냐에 달려 있겠지요.

목표를 세우고 난 이후부터 C씨는 일을 하거나 쉴 때에나 항상 자신의 롤 모델role-model인 선배를 의식하며 일했습니다. 그러다보니 예전의 고민은 사치처럼 느껴지기만 했습니다. 왜 자신이 그런 한가한 고민에 사로잡혔었는지 의아함이 느껴질 정도였습니다.

지금 주변을 한 번 둘러보세요. '반드시 저 사람처럼 되고 싶다.'는 사람이 있다면, 그 사람을 롤 모델로 삼으면 됩니다. 그리고 목표로 삼은 그 사람처럼 되기 위해서 무엇을 보완하고 무엇을 강화할지 계획을 세워

봅니다.

그 사람을 따라 잡기 위해서 내가 버려야 할 약점도 있지만, 그 사람보다 훨씬 뛰어난 강점도 있을 것입니다. 약점은 방해가 되지 않도록 비키게 하고 강점은 키워나갑니다. 성장하는 비결은 약점을 없애는 게 아닙니다. 강점을 키워서 약점이 오히려 작아지게 만들면 됩니다. 롤 모델을 닮아가되 자신만의 스타일을 가미해가면 됩니다. 그렇게 하면 목표를 향해 달려 나가는 일이 막연하고 지루하거나 힘겹지만은 않을 것입니다.

 장사 잘하는 비결 32

'저 사람을 닮고 싶다.'는 욕심도 훌륭한 목표!

33
당신은
무엇을 하는 사람입니까?

아마도 다음의 이야기를 들어본 독자가 많이 있을 것입니다. 그래도 다시 한 번 인용을 해 보도록 하지요.

벽돌을 쌓는 일을 하는 인부가 있었습니다. 마침 그곳을 지나던 사람이 물었습니다.

"지금 뭘 하는 중인가요?"

인부는 짐짓 지겹다는 표정으로 말했습니다.

"보면 모르겠소? 벽돌을 쌓고 있지. 매일 매일 똑같은 일을 하고 있나오."

행인은 정말 궁금해서 물어본 것인데, 상대가 화가 난 듯 퉁명스럽게 대답하자 그만 무안해져버렸습니다. 그 인부를 지나쳐 조금 발길을 돌리니 거기도 똑같은 일을 하는 인부가 있었습니다. 행인이 다시 물었습니다.

"지금 뭘 하는 중인가요?"

그러자 나이가 지긋한 그 인부는 굽혔던 허리를 펴고 쏟아지는 땀을 닦으며 환희 웃었습니다.

"성당을 짓고 있는 중이라오. 이 작은 벽돌이 쌓이고 쌓여 그렇듯 웅장한 건물을 지을 수 있다니, 참 대단하지 않소? 나도 그 일에 일조하고 있다는 생각에 힘든 줄도 모른다오."

이 이야기가 주는 교훈은 '일을 대하는 우리의 자세'에 관한 것입니다. 한 사람에게 일은 날마다 의미 없이 반복되는 지겨운 노동이나, 다른 한 사람에게 일은 힘들지만 숭고한 목적에 동참하는 소중한 시간입니다. 지겨운 노동이라고 여기는 사람에게 일은 그저 입에 풀칠을 하기 위해 억지로 해야 하는 것이지만, 커다란 목적에 일조한다고 여기는 사람에게 일은 작지만 위대한 발걸음입니다.

억지로 일하는 사람의 입에는 늘 '힘들다', '괴롭다', '귀찮다'는 말이 떠나지 않습니다. 표정은 잔뜩 찌푸린 채 말입니다. 반면 신이 나서 일하는 사람의 입에는 늘 미소와 감사의 말이 맴돕니다. 곁에서 같이 일하는 사람에게 그 에너지가 전달되었을 것이며, 가족과 친구들에게도 자신이 얼마나 가치 있는 일을 하고 있는지 누누이 전하곤 했을 것입니다.

똑같은 일도 '힘들다', '괴롭다', '귀찮다'고 생각하기보다는 '감사하다', '보람되다', '즐겁다'고 생각하는 쪽이 더 행복해지는 길이 아닐까요?

그러자면 '나는 무엇을 하는 사람인가?'에 대한 근원적이면서도 구체적인 그림이 꼭 필요합니다. 벽돌을 쌓는 사람, 물건을 파는 사람, 손님을 응대하는 사람 정도로는 그런 그림을 그릴 수 없습니다. 내가 이 일을 통해서 궁극적으로 하고자 하는 바, 세상에 기여하고자 하는 바를 그려 볼 필요가 있습니다. 이렇듯 목표가 근원적이면서도 구체적으로 세워지면, 일을 대하는 태도와 질 자체가 확연히 달라집니다.

소프트뱅크Softbank 설립자 손정의 사장은 2008년 한 대학교 졸업생들을 대상으로 한 강연에서 이렇게 말했습니다.

"자신이 달성하고 싶은 미래에 대한 꿈을 키우는 것은 매우 중요합니다. 그러나 그 꿈이 개인의 차원에 머물러서는 큰 힘을 발휘하기 힘듭니다. 목적을 달성함으로써 더 많은 사람과 세상에 공헌하려는 마음. 이것이 바로 진정한 목표입니다. 그리고 그것이야말로 우리를 위대하게 만들어주는 원동력입니다."

목표라고 하면 뭔가 원대해야 한다고 생각하기 쉽지만, 사실은 진심으로 바라는 소박한 것이어도 상관없습니다. '우리 매장을 전국 최고로 만들고 싶다.', '우리 매장에서 제일 뛰어난 팀을 만들고 싶다.', 'TV 프로그램에서 취재를 나올 만큼 유명한 제품으로 만들고 싶다.' 등등. 자신이 실현하고 싶은 바를 명확히 하기만 하면 됩니다.

'꼭 도달하고 싶은 목적지+그것을 통해 세상에 공헌하고 싶은 바'. 이

공식을 적용하면 자신만의 가슴 뛰는 목표를 설정할 수 있을 것입니다.

기필코 달성하겠다는 염원이 강할수록 매일매일 일을 대하는 마음과 태도도 달라질 것입니다. 이유는 매우 간단합니다. 목표를 세우기 전에는 단순작업에 불과하다고 여겼던 일이 커다란 의미를 갖게 되기 때문입니다. 즉 아무리 사소한 일도 단순작업으로 보이지 않습니다.

'전국 최고의 매장을 만들고 싶다.'는 목표를 세웠는데, 고객이 쾌적하게 방문할 수 있도록 매장 곳곳을 깨끗이 청소하는 일이 단순작업이나 허드렛일로 느껴질 리 없습니다. 오히려 매장이 깨끗해지면 전국 최고의 매장에 한 걸음 다가섰다는 느낌에 뿌듯해질 것입니다.

갑자기 목표를 세우려면 막연하기만 할 수도 있습니다. 만약 지금 당신이 정말 하기 싫은 일을 억지로 하고 있다면 더더욱 그럴 것입니다. 목표란 억지로 만들 수 있거나 누가 대신 만들어줄 수 있는 것이 아닙니다.

그러니 우선 '○○○○○하게 되고 싶다.'의 빈칸을 채워보는 것으로 시작해 봅니다. 그것도 쉽지 않다면, '○○○○○하게 되고 싶지 않다.'에서부터 시작해도 됩니다.

처음에는 막연하게만 여겨질지 모르지만, 날마다 하나씩 되고 싶은 모습과 되고 싶지 않은 모습을 떠올리기 시작하면 어느 새 점점 더 목표가 구체화되는 것을 실감할 수 있을 것입니다. '이건 정말 아닌 것 같다.' 혹은 '이것만은 꼭 실현하고 싶다.' 하는 것이 떠오르기 시작할 것입니다. 그것만으로도 지금보다는 훨씬 넓은 관점으로 자신의 일을 보게 된 것입니다.

빛이 나는 사람은 반드시 목표를 갖고 있게 마련입니다. 설령 목표라고 부를 만큼 손에 잡힐 것 같은 무언가가 아니라 하더라도, 뭔가 이루고자 하는 커다란 대의가 있습니다.

누군가 당신에게 '지금 어떤 일을 하고 있나요?' 하고 물었을 때, 벽돌 쌓는 일을 한다고 답할 것인지 성당을 짓는 일을 하고 있다고 답할 것인지는 당신 스스로에게 달려 있습니다. 당신만의 빛나는 대답을 할 수 있다면, 설혹 지금 하는 업무는 다른 이들과 비슷해 보일지 모르지만 언젠가는 커다란 차이를 만들어줄 것입니다.

지금 내가 무엇을 위해서 일을 하고 있는지, 잠시만 시간을 내어 생각하고 반추해 보길 권합니다. 그동안에는 생각지도 못했던 새롭고 빛나는 무언가를 발견해낼지도 모릅니다.

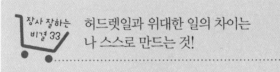

장사 잘하는 비결 33! 허드렛일과 위대한 일의 차이는 나 스스로 만드는 것!

한 대형마트의 시식코너에 이색적인 이쑤시개 통이 등장했습니다. 시식 코너에서는 '사용 전', '사용 후'로 이쑤시개가 구분되어 담겨 있는 게 보통입니다. 음식을 맛보는 고객은 '사용 전'이라고 쓰인 통에 담긴 이쑤시개를 들어 시식을 하고, '사용 후'라고 쓰인 통에 그 이쑤시개를 버립니다.

그런데 이 코너에는 '사용 전'인 새 이쑤시개를 담은 통이 있고, 그 옆에는 두 개의 구멍이 뚫려 있습니다. 한 곳에는 '맛좋음', 다른 한 곳에는 '별로임'이라고 쓰여 있습니다. 음식을 맛본 고객은 누구의 눈치를 볼 필요 없이 두 개의 통 중 하나에 이쑤시개를 집어넣습니다. 시식 행사를 한 매장에서는 이 이쑤시개 숫자를 보고 고객이 어떻게 맛을 평가했는지 파악합니다.

한 식당의 메뉴를 펼치면 똑같은 메뉴가 서로 다른 방향으로 인쇄되어 있습니다. 대중적인 식당의 경우 테이블에 앉은 이들의 인원만큼 메뉴가 제공되기는 어렵습니다. 메뉴를 보는 사람은 편안히 자기가 먹을 것을 고르지만, 반대편에 앉은 사람은 뒤집힌 글자들을 열심히 해독하려 애씁니다.

이런 고충을 해소하기 위해 동일한 메뉴가 왼쪽에는 바르게, 오른쪽에는 위아래가 뒤집힌 상태로 들어 있습니다. 맞은편에 앉은 사람도 편안히 자기가 먹을 것을 고를 수 있습니다.

서비스란 이렇듯 큰돈을 투자하거나 거창한 변화를 꾀하지 않고도 개선하거나 달라지게 할 수 있는 영역입니다. 현재의 것에 그냥 안주하느냐, 아니면 늘 새로운 것을 만들어내느냐 하는 나의 작은 노력에 달려 있습니다.

지금 혹시 아주 작은 변화로 우리 매장을 달라지게 할 아이디어가 떠오르시나요?

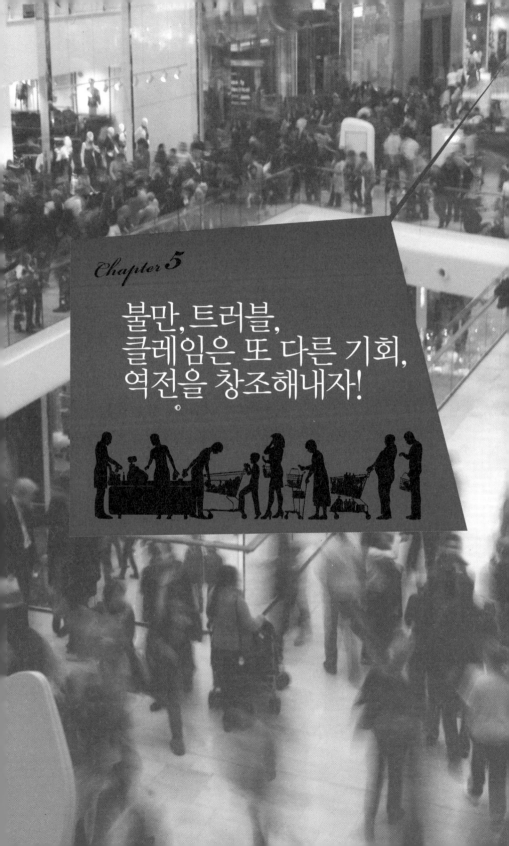

Chapter 5

불만, 트러블,
클레임은 또 다른 기회,
역전을 창조해내자!

34

'불만을 말씀해주십시오!'는 소용이 없어!

오후 3시경이었습니다. 한 이탈리안 레스토랑에서 늦은 점심식사를 하고 있는데, 옆 테이블에 앉은 대여섯 명의 주부들이 소란스럽게 떠드는 소리가 들렸습니다. 직업이 직업인지라 그들의 이야기에 귀를 기울이지 않을 수 없었습니다. 큰소리로 좌중을 이끄는 한 주부의 목소리가 들렸습니다.

"여기 올 때마다 느끼는 건데, 메뉴가 너무 알아보기 힘들게 되어 있지 않아?"

그러자 다른 한 명이 맞장구를 쳤습니다.

"맞아! 재료에 대해 설명을 해놓든지 아니면 사진이라도 덧붙여놓으면 좋으련만, 지금은 너무 불친절하게 되어 있어."

그러자 모두들 한 마디씩 거들며 호응을 했습니다. "맞아", "그래, 나도 느꼈어."……

그들은 그 후로도 꽤 한참 동안 그 식당의 서비스에 대한 불만을 늘어놓았습니다.

당신 역시 고객의 입장이 되었을 때, 앞의 주부들처럼 불평을 해 본 적이 있지 않나요? 하지만 정작 직원이나 사장에게 말을 하게 되던가요? 그렇습니다. 고객은 아무리 불만이 있어도 여간해서는 직원이나 담당자에게 직접적으로 그 불만을 털어놓지 않습니다. 불만의 소리는 고객 안에서 그냥 잠들어버리거나 자기들만의 커뮤니케이션 공간 안에만 머무를 뿐, 좀처럼 매장에 전달되지 않습니다.

때로는 고객이 표현하려 마음을 먹어도 여간해서 그럴 기회가 없는 경우도 있습니다. '언젠가 꼭 한 번 얘기해줘야지.' 하고 벼르다가도 이런저런 이유로 타이밍을 놓치고 맙니다. 창구가 없어 편한 마음으로 의견을 전달하지 못하기도 합니다. 이렇듯 고객이 진심으로 느끼는 불만, 요구사항, 의견은 묻혀버립니다.

고객의 의견은 어떤 매장에서든 매우 소중한 자산입니다. 고객의 피드백이야말로 고객이 진정으로 원하는 서비스를 제공하기 위해 꼭 필요한 정보입니다. 하지만 고객의 입장에서 그런 감정은 순간순간 떠오르는 것입니다. 그런 생각을 굳이 메모까지 해두었다가 힘겹게 전달할 이유가 없습니다.

저희 회사가 진행하는 미스터리 쇼핑의 경우는 많은 조사원들이 신분을 숨기고 다양한 관점으로 서비스를 평가해 객관적이고 상세한 피드백을 제공하는 것을 목적으로 합니다. 따라서 조사원들은 모든 사항을 머릿속에 기억했다가 화장실 등에서 따로 메모해두는 등 적극적인 피드백 작성을 합니다. 하지만 일반 고객이라면 그럴 이유가 없지요. 그러다보니 모처럼 얻을 수 있었던 소중한 정보가 그 자리에서 사라져버리게 되는 것입니다.

부끄럽지만 몇몇 매장들은 고객의 불만을 듣고 싶지 않아, 일부러 고객의 소리를 듣는 제도를 만들어두지 않기도 합니다. 누구든 불만을 듣는 게 달가울 리 없습니다. 까다로운 고객의 다양한 불만에 일일이 대응하다가는 죽도 밥도 안 된다고 여기는 사람도 있을지 모릅니다.

하지만 그것은 소극적인 자세일 뿐입니다. 몸에 좋은 약은 입에 쓰다고 했습니다. 듣기 싫은 불만을 다양하게 수용하다보면, 치명적인 과오를 없앨 수 있고 탁월한 개선안도 도출해낼 수 있습니다. 이런 자세를 가져야만 매장은 제자리에 정체되어 있지 않고 나날이 발전해나갈 수 있습니다.

그러나 의욕만으로 고객의 소리를 들을 수 있는 것은 아닙니다. '어떤 의견이나 불만이라도 언제든 말씀해주세요!' 하고 마음을 연 태도를 보여주는 것도 물론 중요합니다. 하지만 고객의 소리를 듣기 위한 구체적인 제도와 방법론을 만들어두어야 비로소 실천으로 이어질 수 있습니다.

계산대에 비치해둔 명함에 의견 접수 전용 이메일주소를 기재해둔다거나, 홈페이지에 의견이나 불만을 적을 수 있는 양식을 만듭니다. 피드백을 적을 설문 엽서를 매장 곳곳에 비치하거나, 휴대전화 문자로 의견을 받는 것도 좋은 방법입니다.

어떤 방법을 택하든 가장 중요한 점은 그렇게 접수된 고객의 의견이 진정 '진솔하고 정직한 것'이어야 한다는 것입니다. 그러려면 자신이 제기한 불만 때문에 특정 직원이 징계 등 불이익을 받게 된다거나 의견을 낸 고객의 신원이 노출되어 솔직한 의견을 내기 불편해진다든가 하는 일이 없도록 해야 합니다. 또 고객이 의견을 개진할 때 가장 편한 방법을 적용하되, 도중에 걸러지지 않고 바로 의사결정자에게 접수되도록 해야 합니다.

그리고 무엇보다 중요한 것이 또 하나 있습니다. 불만을 접수했다면, 무언가 바뀌는 모습을 꼭 보여주어야 한다는 것입니다. 애써 의견을 개진했는데 아무것도 달라지는 것이 없다면, 고객들은 이후로는 애써 의견을 전달하고 싶어 하지 않을 것입니다.

한 회전초밥 전문점의 사례입니다. 이 매장은 서비스 개선을 위해서 고객의 불만을 적극적으로 듣고 문제점을 찾아내려 노력하고 있었습니다. 그 일환으로 자사 홈페이지에 고객이 직접 의견을 적어 넣을 수 있도록 익명의 게시판을 만들었습니다. 당시 그 전문점의 서비스 개선 의뢰를 받았던 저는 그 방식을 적극적으로 말렸습니다. 그런 방법으로는 절대 제대로 된 고객의 의견을 들을 수 없다고 말입니다. 하지만 매장 측은 그것으로 충분할 거라고 생각했습니다.

3개월쯤 지났을까? 역시나 매장 담당자가 SOS를 보내왔습니다.

"고객 의견이 거의 접수되질 않습니다. 어떻게 하면 좋을지 도와주십시오."

그 방법만으로 고객의 의견이 모이지 않는 것은 너무나 당연한 일이었습니다. 고객이 식당 홈페이지에 접속하는 이유는 위치, 메뉴, 할인쿠폰 등의 정보를 찾기 위함입니다. 즉 식당에 오기 '전'에 접속한다는 말입니다. 식당을 이용한 '후' 느낀 점을 적으려면 방문 후에 다시 한 번 홈페이지에 접속하는 수고를 해야 합니다. 그런데 식당 안 어디에도 '홈페이지에 의견을 남겨 달라.' 혹은 '의견을 남기는 고객에게 특별한 혜택을 드린다.'는 등의 안내는 보이지 않습니다. 그러니 대다수의 고객은 홈페이지에 의견을 남길 수 있는 익명의 게시판이 있다는 것조차 모릅니다.

우선 저는 고객들이 가벼운 마음으로 손쉽게 의견을 전달할 수 있는 방법을 구상해 보았습니다. 회원이 된 고객에게는 정기적으로 이메일 설문을 발송하도록 했습니다. 또한 한 달에 한번 '의견 DAY'를 정해서 매장에 방문한 고객을 대상으로 설문을 실시했습니다. 설문에 참여한 고객에게는 그날 즉각 계산대에서 10퍼센트 할인 혜택을 주었습니다.

이런 방법으로 상당히 많은 의견을 모을 수 있었습니다. 의견을 취합해 정리한 다음에도 취해야 할 행동이 남아 있었습니다. 접수된 고객의 의견을 분류하는 것입니다. 의견들을 실현 가능한 것과 불가능한 것으로 나누었습니다.

실현 가능한 것에 대해서는 개선안을, 불가능한 것에 대해서는 그 이유를 정리해 매장 내 게시판에 모든 고객이 볼 수 있도록 걸어두었습니다. 약간의 유머를 가미해서 흥미롭게 읽을 수 있도록 했습니다. 자신들의 의견이 실제 매장 정책에 반영되는 모습을 보고 고객들은 매우 보람을 느꼈고, 이후에도 적극적으로 의견을 개진해주었습니다.

혹시 고객의 '불만'을 듣는 것이 내키지 않는다면, '희망사항'을 물어보아도 좋을 것입니다. 회사 차원에서 도입할 의욕이 없다면, 당신이 먼저 나서서 설득해 보세요. 그 필요성을 회사에 알려나가는 것에서부터 개선은 시작됩니다.

> **장사 잘하는 비결 34** 고객이 불만과 요구를 쉽게 전할 수 있는 제도를 만들 것!

35
이렇게 더운데
에어컨을 꺼?!

어떤 업계든 '접객 전문가'가 존재합니다. 여러분 주위에도 '이 사람, 대단한데……!' 하는 평판을 듣는 사람이 있지 않습니까? 물론 그런 사람들이라면 경험도 풍부할 뿐 아니라 그만큼 뼈를 깎는 개인적인 노력을 기울일 것입니다. 그런데 제가 관찰한바 그런 유능한 이들의 특징이 하나 있었습니다. 그것은 바로 '갭gap'에 민감하다는 것입니다. 이게 무슨 의미일까요?

상품을 진열할 때 고객에게 보이기 쉬운 장소보다 내가 놓기 편한 장소를 선택한 경험은 없었나요? 특히 무거운 상품이라서 창고에서 운반해오기 힘들다는 이유로 최대한 창고와 가까운 자리에 진열하거나, 단 몇 종류씩만 진열해두는 경우도 있습니다. '힘들어서 그런 것이니 고객도 이해하겠지.' 하고 쉽게 생각하거나 심지어 고객이 어떻게 느끼는지 감조차 잡지 못하는 사람도 있을 것입니다.

하지만 실상 고객은 직원들의 이런 고생에 대해 알지 못합니다. 고객은 이렇게 생각할 뿐입니다.

'제품군이 좀 더 다양했으면 좋겠는데, 왠지 보기가 불편하네. 이건 왜 여기 와 있어?'

고객들이 전부 다 '매장이 덥다.'고 느끼는데도 에어컨 스위치를 꺼놓는 매장도 있습니다. 이유는 간단합니다. 매장의 원가 절감. 그러나 고객은 그런 부분을 이해해주지 않습니다.

'거긴 에어컨을 안 틀어서 항상 더워. 오늘같이 더운 날에는 가고 싶지 않아.' 하고 생각할 뿐입니다. 그러니 원가 절감이라는 토끼를 잡으려고 고객이라는 더 소중한 대상을 놓치는 일입니다.

물론 환경 보호 차원에서 냉방기 가동을 자제하기로 했고 그런 이유에 대해 안내문을 붙이거나 양해를 부탁한다면, 얼마간 더운 것쯤은 참을 수 있다고 수긍하는 고객이 있을지 모릅니다. 혹은 원가 절감분을 가격에 반영해 다른 매장보다 확실히 싸다면, 더워도 상관없다고 여기는 고객도 있을 것입니다. 하지만 고객에게 상세히 설명하거나 특정한 메리트도 제공하지 않은 채, 그저 자기들만 아는 이유 때문에 에어컨을 꺼버린다면 고객은 납득하지 못할 것입니다.

식당에서는 테이블 회전율이 매우 중요합니다. 손님이 많이 몰리는 시간이고 줄까지 서 있다면, 경영자는 조금 더 친절한 것보다 회전율을 높여 더 많은 손님이 음식을 맛보게 하는 게 더 중요하다고 여길지 모릅니다. 테이블에 음식을 내올 때에는 "맛있게 드세요!" 하고 싹싹하고 친절하게 외치면서, 정작 빈 접시를 수시로 치운다면 고객 입장에서 편안하고 맛있게 식사를 즐길 수 없을 것입니다. 식당 입장에서는 '손님들이 기다리니 빨리 빨리 정리를 해야 하고, 이윤을 더 남기려면 회전율을 높여야 하니 조금 야박해 보여도 어쩔 수 없다.'고 생각합니다. 접시는 열심히 치워가면서도, 정작 빈 물 컵은 채워줄 생각을 안 한다면 속이 훤히 들여다보이겠지요. 고객은 생각합니다.

'장사 좀 잘 된다고 유세네. 한 번 오지 두 번은 못 오겠다.'

이렇듯 고객이 느끼는 것과 매장 입장에서 생각하는 것 사이에는 매우 커다란 갭gap이 있습니다. 큰 문제부터 작은 문제에 이르기까지 말입니다. 그런데 서비스 전문가들은 이 갭을 재빨리 파악할 줄 압니다. 어떤 의미로는 역지사지, 즉 고객에게 감정이입을 하는 능력이 뛰어나다고 할 수 있지요. 그리고 가장 중요하게도 이들은 '개선을 위한 대책'을 세우는 데에도 능합니다.

앞서의 사례라면, 다음과 같은 개선안을 도출할 수 있을 것입니다.

'고객은 다양한 상품을 비교해 보고 싶어 한다. 그러니 운반하기 힘들어도 전시 상품의 종류는 진열이 가능한 최대한의 수준으로 한다.'

'원가 절감을 해도 되고 해선 안 되는 부분이 따로 있다. 고객에게 직접적인 영향을 주는 범주에서 원가 절감을 이유로 서비스의 질을 저하시켜서는 안 된다. 원가 절감이 절실하다면 직원 사무실 냉방만 줄이자.'

'접시를 빨리 치운다고 해서 회전율이 크게 올라가는 것은 아니다. 빈번히 접시를 치울 시간에 손님 물 컵을 챙기자. 또한 기다리는 손님들이 편안히 대기할 수 있도록 매장 밖에 좌석을 만들고 TV를 설치해 지루함을 덜어주자.'

......

능력이 뛰어난 사람은 고객과의 관계에 어떤 갭이 있으며, 그것을 어떻게 하면 좁힐 수 있을지 늘 자문자답합니다. 누구라도 고객의 입장이 되어 다른 매장을 방문할 때에는 여러 불만이나 의견이 자연스레 생겨납니다. 그런데 이상하게도 내 매장에만 들어서게 되면, '고객이 느끼는 시야'를 잃어버리고 맙니다.

이것을 극복하기 위해서는 제3자의 시선으로 자신을 관찰해 보는 습관을 가질 필요가 있습니다. 즉 일반 고객의 시선으로 자기 스스로를 의식해 보는 것입니다.

'지금 내가 상대편 고객이라면 어떻게 느낄까?', '내가 일반 고객으로 우리 매장에 들어서면 뭐가 불편할까?'에 대해 종종 생각해 보는 것입니다. 그런 관점을 유지하려 노력하면 이전에는 생각지 못했던 여러 문제점들이 보이기 시작할 것입니다.

그러나 다시 서비스를 제공하는 입장에서 마음 속 변명이 떠오를 것입니다. '공간도 좁고 직원도 몇 명 없어서 일손도 딸리고…….' 현실적인 장벽들이 생각납니다. 괜찮습니다. 그것으로 끝내지만 않으면 됩니다. 문제가 있고 그것을 해결하기에는 현실적인 핸디캡이 있다면, 그 상태에서 무엇을 하면 좋을까 고민하고 조금이나마 개선해 보려 노력하면 됩니다. 이렇듯 판매하는 입장과 이용하는 입장에 서서 양쪽의 상황을 균형 있게 이해해가다보면 어느새 '고객으로서의 나' 역시 만족감을 느끼기 시작할 것입니다.

만약 아무리 객관화해서 보려 해도 잘 안 된다면, 가족이나 친구 등 주변의 의견을 구하는 것도 좋은 방법입니다. 솔직하게 이야기해줄 수 있는 주변 사람들로부터 의견을 구해서 그들의 의견을 '고객의 의견'으로 삼아 참고할 수 있습니다.

갭을 없애는 일은 쉽지 않습니다. 하지만 일단 '판매하는 입장'과 '고객의 입장'이 다를 수 있다는 것을 의식하고 그 사이에 벌어진 틈에 눈을 돌려본다면, 지금까지는 생각지도 못했던 것들을 발견할지도 모릅니다. 적어도 결코 손해는 보지 않을 것입니다.

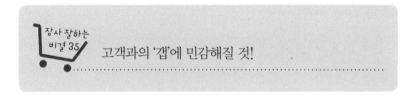

장사 잘하는 비결 35 고객과의 '갭'에 민감해질 것!

36

저 휴지,
진짜 안 보이는 거야?

'깨진 유리창 법칙broken window theory'에 대해 들어본 적이 있나요? 실제 뉴욕의 범죄율을 현저히 낮추는 데 도움이 된 유명한 이론입니다. 범죄의 도가니이던 뉴욕 시의 시장으로 부임한 루돌프 줄리아니Rudolph William Louis Giuliani는 이 이론을 적용해 범죄율을 현저히 낮출 수 있었습니다. 그 방법이란 지하철 차량, 역사, 변두리 후미진 골목 등지의 낙서를 지우는 것이었습니다. 이 매우 단순한 조치가 범죄를 추방하는 시금석이 되어주었습니다.

이 이론을 처음 실험으로 증명한 사람은 스탠퍼드 대학교의 필립 짐바르도Philip George Zimbardo 교수입니다. 실험 팀은 변두리 골목에 차량 상태가 비슷한 동일한 모델의 자동차 두 대를 놓아두었습니다. 한 대는 보닛을 조금 열어둔 상태로, 다른 한 대는 보닛도 열고 유리창도 조금 깨진 상태로 말입니다. 1주일 후 그들은 두 자동차의 상태를 비교해 보았습니다. 유리창이 깨져 있던 자동차는 다른 유리창도 모두 깨졌고 차량 배터리와 타이어도 도난당하고 사방에 낙서를 하고 돌을 던져서 거의 고철 상태가 되어 있었습니다. 이를 통해 짐바르도 교수는 낙서, 유리창 파손 같은 경미한 범죄를 방치하면 큰 범죄로 이어진다는 범죄심리학 이론을 수립했습니다.

매장 운영도 마찬가지입니다. 잘되는 매장과 그렇지 않은 매장의 차이는 바닥에 떨어진 휴지 조각을 얼마나 빨리 치우느냐에 달려 있다고 해도 과언이 아닙니다. 청소하는 사람 혹은 시간이 따로 있으니 그때까지 방치한다면, 그 매장은 망한 것이나 다름없습니다.

깨끗이 정리되고 쾌적한 매장에서 바닥에 작은 휴지 조각이 떨어지면, 누구라도 제일 먼저 발견한 사람이 재빨리 주워버립니다. 단순히 '휴지가 떨어져 있으니까 줍는다.'는 발상에서 일어난 행동의 결과입니다. 당연한 일을 당연히 하는 것입니다.

그런데 청결하지 않은 매장은 어떨까요? 각종 핑계가 난무합니다. '내가 담당하는 구역이 아니니까.', '그럴 여유가 없어서', '어차피 나중에 청소를 할 테니까.'…… 다양한 이유로 휴지를 그대로 방치합니다. 즉 휴지가 떨어져 있는데도 직원들은 각자 다양한 이유로 그걸 치우지 않고, 그 결과 휴지는 그 자리에 계속 방치됩니다.

이제부터 이 매장은 '깨진 유리창 법칙'의 길을 가게 됩니다. 한 개였던 휴지가 두 개가 되고 두 개가 세 개가 됩니다. '나중에 치우려고 했다.'는 마음은 휴지가 두 개로 늘어나도 바뀌지 않습니다. 휴지가 세 개로 늘어도 '지금은 바쁘니까, 나중에 치워야지.'라는 생각에는 변함이 없습니다.

한 가지 더 흥미로운 사실은 청소를 철저히 하는 것은 접객 서비스의 질에도 영향을 준다는 것입니다. '뭐 괜찮겠지.' 하는 마음은 고객을 대하는 순간에도 그대로 고객에게 전달됩니다. 떨어져 있는 휴지를 방치하는 사람은 접객에서도 타협하는 모습을 보입니다. '이 정도면 괜찮겠지.', '나중에 하면 되지 뭐.', '안 돼도 어쩔 수 없지.' 하는 기분으로 고객을 대합니다. 이것은 곧 고객의 불만으로 이어지고 클레임이 증가하게 되는 원인이 됩니다.

실제로 청결 수준이 높은 매장은 대부분 접객 서비스의 수준도 높았습니다. 예외가 있다면 신입직원이 많은 경우입니다. 의욕도 있고 청소도 잘 하고 고객을 소중하게 생각하는 마음도 충분하지만, 아직 모든 일에 익숙하지 않아 접객을 제대로 하지 못합니다. 하지만 이 경우에도 그 의욕을 잃지 않고 꾸준히 성장해나간다면, 청결과 접객 모두 최상의 상태인 매장으로 성장할 수 있습니다.

사실 청결이라는 기본적인 룰도 잘 지켜지지 않는 매장을 어느 날 갑자기 청결한 매장으로 바꾸기 힘듭니다. 왜냐하면 '깨끗하다.'는 기준이 잘못되어 있기 때문입니다. 자기 기준으로는 깨끗하게 한다고 하지만, 이전과 그리 달라 보이지 않습니다.

반면 청결한 매장의 직원이 와서 보면, 제대로 치우지 않은 곳이 어디인지 단박에 파악합니다. 하지만 '깨끗한 상태'가 무엇인지 모르는 직원은 청결하다는 것이 무엇인지 이해하지 못합니다.

그렇다면 어떻게 해야 할까요? 처음에는 예를 들어 1~2시는 A씨, 2~3시는 B씨가 체크하도록 담당자를 정할 필요가 있습니다. 이렇게 담당을 정해서 '반드시 깨끗이 유지해야 할 항목'을 체크해나간다면 직원 전원의 청결의식을 높일 수 있습니다. 어느 정도 규칙을 지킬 수 있게 되면, 좀 더 자발적으로 실행하도록 합니다.

작은 휴지 조각 하나라고 그대로 방치하고 있지는 않나요? 그 휴지 조각 하나가 매장의 수준을 결정하는 중요한 판단기준이 될 수 있다는 점을 절대 잊지 마시기 바랍니다.

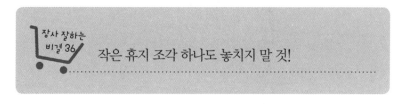

장사 잘하는 비결 36 작은 휴지 조각 하나도 놓치지 말 것!

37

넘어진 고객을
보고만 있는 거야?

아무리 완벽하더라도 예상치 못한 일 때문에 모든 것이 한 순간에 무너져버리기도 합니다. 화재, 지진, 사건 사고, 그 외에 크고 작은 트러블 등 예상치 못한 여러 일이 당신을 방해할 가능성은 언제나 숨어 있습니다.

위급한 상황일수록 매뉴얼이 중요해집니다. 아니, 매뉴얼보다는 체크리스트check-list가 필요합니다.

체크리스트란 비행기 조종사가 운항 시 행동해야 할 정확한 지침이 담긴 두꺼운 매뉴얼을 뜻합니다. 특히 비상상황이 되면 아무리 베테랑 조종사라 해도 당황하게 마련입니다. 평소라면 눈 감고도 할 수 있는 일조차 손이 떨리고 정신이 아득해져 제대로 해내기 힘듭니다. 이런 상황에 무엇을 어떤 순서로 어떻게 해야 할지 상세하게 정리된 매뉴얼이 바로 '체크리스트'입니다.

위급 상황에 대처하는 체크리스트의 기본은 'HOPE, STEP, JUMP'입니다. 이에 대해서는 조금 뒤에서 더 자세히 설명하겠습니다.

수년의 경력이 있는 점장이든 일을 시작한 지 며칠 되지 않는 신참이든, 누가 그 자리에서 대응해야 하는 상황이라도 반드시 이 체크리스트에 따라 행동해야 합니다. 사실 불의의 사고일수록 노련한 경력자가 없는 타이밍에 일어날 가능성이 큽니다. 그리고 그런 이유로 더 큰 사고로 이어집니다. 특히 일 분 일 초를 다투는 긴박한 상황에서는 누구라도 일률적으로 신속히 대응할 수 있어야 합니다.

사건 사고에도 여러 종류가 있습니다. 고객 간에 싸움이 벌어지거나, 고객이 넘어져 다치는 경우도 있습니다. 이런 비상사태가 발생하면 직원들도 흥분하여 동요하게 됩니다.

예전에 한 매장에서 고객이 계단에서 굴러 머리에서 피가 흐르는 사고가 있었습니다. 하지만 이 매장은 예상치 못한 상황에 대한 대응 훈련이 전혀 되어 있지 않았습니다. 게다가 그 날은 점장이 비번이었고, 현장에 있는 직원은 아직 일에 익숙하지 않은 신입직원들뿐이었습니다. 갑자기 발생한 사고에 신입직원은 당황하여 어쩔 줄 몰라 할 뿐이었고, 결국 옆에 있던 다른 고객이 응급차를 불러주었습니다.

바로 이 때 'HOPE, STEP, JUMP'의 원칙이 반영된 체크리스트가 필요합니다. 위급한 상황에서는 가장 먼저 '고객의 안전을 확보하고 안심하도록hope' 해야 합니다. 그리고 나서 정해진 순서를 밟아step 대응합니다. 모든 대응이 마무리되면 이제 다시 업무로 복귀jump해도 됩니다. 하지만 그런 일을 대응해 본 경험이 없는 사람은 구체적으로 무엇을 어떻게 해야 하는지 혼란스러워 하게 마련입니다.

순식간에 벌어진 사고라 하더라도 바로 해당 항목을 찾을 수 있도록, 체크리스트를 사례별로 분류하면 더욱 좋을 것입니다.

예를 들면 고객이 다쳤을 경우, 체크리스트에는 다음과 같은 지침이 나올 수 있을 것입니다.

① 바로 콜택시를 부른다(부상이 심하면 구급차를 부른다).

② 택시비는 매장 측에서 지불한다.

③ 병원에서 진료가 끝날 때까지 기다린다.

④ 고객이 안정되면 주소와 이름, 연락처를 묻는다.

이처럼 자세한 대처방법이 일련의 흐름으로 적혀 있어야 합니다. 이런 지침이 있다면, 비상상황에 직원 누구라도 냉정히 대처할 수 있고, 무엇보다 고객을 안심시킬 수 있을 것입니다.

혹시 이 대목을 읽는 독자 중에는 '매뉴얼에 지나치게 집착하는 것은 지양하라고 하지 않았는가?'고 반문을 하는 분이 있을지 모릅니다. 앞서 업무 매뉴얼은 그저 기본에 불과하다고 했었기 때문입니다. 하지만 비상상황에 응대하는 법을 다루는 체크리스트는 매뉴얼 지상주의가 아닙니다.

위급한 상황이라고 하면 다 비슷비슷한 방법으로 대처할 수 있을 것 같지만, 실제로는 수십 가지 경우의 수가 있고 그 상황마다 조금씩 대처 방법이 다릅니다. 이런 것을 하나하나 평상시 직원교육에 포함시키기란 어렵습니다.

위급상황이 일상다반사로 벌어지는 것도 아니기 때문에, 그런 교육을 하는 것은 오히려 시간낭비입니다. 그러므로 배우지 않고도 행동할 수 있도록 지침을 만드는 것이 가장 효율적이며 효과적인 방법입니다. 모든 고객 서비스를 매뉴얼만 보고 제공하라는 의미가 절대 아닙니다. 어디까지나 긴급한 상황에만 해당하는 얘기입니다.

이번에는 체크리스트를 만드는 방법에 대해 소개하겠습니다. 우선 어떠한 것이든 머릿속에 떠오르는 트러블이나 긴급 상황 사례들을 모두 적습니다. 따로 모여 이야기할 시간이 없다면 정기 미팅 시간을 활용해도 좋을 것입니다. 책이나 인터넷을 통해 사례들을 찾아보는 것도 방법입니다.

이렇게 모은 사례에 대한 대처 순서를 직원 모두가 머리를 맞대고 정해 작성해나갑니다. 여기서 중요한 것은 매뉴얼만 보면 바로 행동으로 옮길 수 있도록 구체적으로 써야 한다는 점입니다.

사진이나 그림을 활용해서 체크리스트를 만든다면, 긴급한 상황에서 더 빠르고 쉽게 이미지화할 수 있을 것입니다. 체크리스트는 항목별로 인덱스를 만들어 잘 보이는 곳에 꽂아두거나, 늘 켜놓는 컴퓨터 등 전자기기에 저장해 쉽고 빨리 찾아볼 수 있도록 합니다.

위급한 상황이야말로 매장의 진가가 발휘되는 순간입니다. '우리 매장에서는 아직 아무런 사건 사고가 없었어.' 하고 문제가 생긴 다음으로 미루어버리면 너무 늦고 맙니다.

사고는 자주 발생하지 않기 때문에 직원들이 철저한 대처의식을 갖기 힘듭니다. 그러나 언제든 일어나는 것이 사건 사고인 만큼, 위급한 상황에서 누구라도 바로 행동에 옮길 수 있는 효과적인 대처법을 준비해둘 필요가 있습니다.

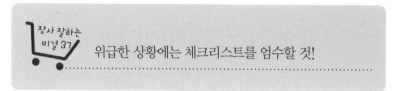

장사 잘하는
비결 37

위급한 상황에는 체크리스트를 엄수할 것!

38

떨어진 컵과 아이 중에 어느 쪽이 더 중요해?

어느 매장이든 세심한 주의가 필요한 때는 아이들이 있을 때입니다. 부모들이 테이블에 앉아서 식사를 하거나 매장 안을 둘러보고 있는 도중에도 아이들은 여기저기 돌아다닙니다. 아무리 주의를 주어도 좀처럼 알아듣지 못하고, 위험하게 마구 뛰어다니기도 합니다.

이런 경우 특히 유의해야 할 점은 아이들에게 일어날지 모를 안전사고입니다. 아무리 환경을 안전하게 조성한다고 해도 사고는 반드시 일어납니다. 피할 수 없다면 현명하게 대처하는 게 바람직합니다. 사고가 일어났을 때 어떻게 대처하느냐에 따라 고객이 느끼는 신뢰는 달라질 것입니다.

물론 안전사고가 일어나지 않도록 미연에 방지하는 것이 가장 중요합니다. 그러려면 아이의 시선으로 매장을 두루 살펴볼 필요가 있습니다.

어른의 시선과 아이의 시선은 전혀 다릅니다. 예를 들어 각종 콘센트와 플러그는 어른의 눈으로 볼 때에는 그다지 심하게 돌출되어 있지 않지만, 아이에게는 사고로 이어지게 할 위험한 환경일 수 있습니다. 아이들은 흥미를 끌 만한 물건이 보이면 어떻게 해서든 그걸 집으려고 합니다. 더 어린 아기라면 그렇게 집은 것을 입으로 가져가곤 하지요. 그러므로 아이의 시선과 손길이 닿을 수 있는 곳에 전기가 통하는 물건, 뾰족한 물건, 무거운 물건이나 깨지기 쉬운 물건을 놓아두면 큰 사고로 이어질 수도 있습니다.

장난감 매장에서 실제 일어난 사건입니다. 한 아이가 매장 구석에 놓여 있던 발판을 들고 와서 높은 곳에 전시된 완구를 직접 꺼내려고 했습니다. 조금만 뻗으면 손이 닿을 거라고 생각한 아이는 발판을 밟고 올라가 손을 뻗었습니다. 하지만 그 순간 균형을 잃고 발판에서 떨어졌습니다. 아이가 바닥으로 떨어지는 동시에 완구도 떨어졌습니다.

매장 구석 후미진 곳에 발판을 놓아두었기 때문에 직원은 아이가 설마 그것을 가져와서 밟고 올라설 것이라고는 꿈에도 생각을 못했다고 합니다. 다행히 아이가 경미한 타박상을 입은 정도로 마무리됐지만, 이렇듯 아이들은 어른이라면 전혀 생각조차 못할 행동을 하는 경우가 많다는 것을 염두에 둘 필요가 있습니다. 아이에게 물어보니 맹랑하게 답하더랍니다. '직원 아저씨가 그런 식으로 장난감을 꺼내주는 걸 보고 자신도 할 수 있을 것 같아서 따라 해 보았다.'고요.

이렇듯 예상을 깨는 아이의 행동에 대비해 모든 것을 미리 예방하는 것은 쉽지 않은 일입니다. 하지만 가능하다면 예상되는 위험요소를 아이의 시선으로부터 떨어뜨려놓을 필요는 있습니다.

그렇다면 이미 사고가 일어나버린 경우에는 어떻게 하면 좋을까요?

첫 번째 포인트는 무엇보다 가장 먼저 '아이의 안전'을 확보해야 한다는 것입니다. 아이의 안전을 확보한 뒤에 그 다음 대응을 해도 늦지 않습니다. 예를 들어 아이가 전기선에 발이 걸려 넘어졌다면, 우선 넘어진 아이를 일으켜 세우는 게 먼저입니다. "괜찮니?", "놀랐지?" 하고 아이를 달래서 안심시킵니다. 돌출되어 있는 코드를 정리하는 것은 그 다음 일입니다.

이렇듯 비교적 어떻게 해야 할지 이해하기 쉬운 경우도 있지만, 실제로는 무엇을 먼저 해야 할지 헷갈리는 경우가 많습니다. 아이가 테이블 위에 놓아둔 컵을 떨어뜨려서 컵이 깨졌습니다. 많은 직원들이 부랴부랴 빗자루를 가져다가 깨진 컵 조각을 주워 담는 일을 먼저 합니다. 하지만 이런 경우에도 아이가 깨진 조각에 접근하지 않도록 우선 안전한 곳으로 데려가서 "안 다쳤니?" 하고 상태를 확인하고 아이가 안심하도록 다독이는 것이 먼저입니다. 깨진 컵은 그 다음에 정리해도 됩니다.

물론 진정으로 완벽한 서비스라면 여기에서 끝나지 않습니다. 먼저 아이의 안전을 확인하고 자리를 정리하고 나면, 마지막으로 한 번 더 아이 부모에게 가서 안전하다고 상황을 설명하고 안심시킵니다. 부모에게 설명한다는 것의 의미는 '이제 괜찮아졌으니 걱정하지 말라.'고 상황을 완결하는 것을 의미합니다. 일부러 그런 게 아니라고 변명하거나 뭔가 나쁜 짓을 저질렀다고 생각해 주눅 들어 있는 아이에게도 다시 한 번 '괜찮다.'고 안심하도록 말해줍니다. 그리고 다시 한 번 현장을 둘러보고 확인합니다. 여기까지 마치면 확실히 마무리가 되었다고 말할 수 있습니다.

어떤 상황에서도 고객을 가장 먼저 생각하고 냉정하게 대처한다면, 고객의 신뢰를 높일 수 있을 것입니다.

 장사 잘하는 비결 38 **아이가 개입된 사고는 아이의 안전이 최우선!**

39
정중하면서도 민첩한 대응에 감동했어!

아무리 진심을 담아 서비스를 제공하더라도 고객으로부터 클레임을 받는 일이 생깁니다. 당신이 최선을 다해 일하고 있다면, 그런 진심을 알아주지 못하고 클레임을 거는 고객이 있을 때 충격을 받고 기가 죽게 되겠지요. 하지만 7성급 최고의 호텔도 별점 한 개의 굴욕을 당하게 마련이며, 서비스가 좋다는 극찬을 받는 매장이라 해도 반드시 클레임은 생기게 마련입니다.

그러므로 클레임이 생겼다고 해서 실망할 필요가 없습니다. 클레임 자체보다 더 중요한 것은 그 클레임에 어떻게 대처하느냐입니다. 물론 처음부터 클레임이 발생하지 않도록 노력할 필요가 있지만, 클레임이 발생했다면 반드시 현명하게 해결해야 합니다.

여기에서 중요한 것이 바로 '압축사고'입니다. 처음 들어보신다고요? 당연합니다. 제가 만들어낸 단어이기 때문입니다. 클레임이 발생한 경우 모든 순서를 압축적으로 떠올려 대처해야 한다는 의미입니다.

다른 말로 하면 여러 다양한 대처를 '단시간'에 합니다. 예를 들면 통상 10일 정도 걸리는 일을 단 하루 만에 제공합니다. 그리고 기대 이상인 최상의 서비스를 제공합니다. 압축팩에 이불이나 옷을 가득 넣고 진공청소기로 공기를 빼버리면, 부피가 1/10 정도로 확 줄어듭니다. 이런 식으로 불필요한 절차와 과정을 생략하고 중요한 걸 압축해서 만족스럽게 제공해야 합니다.

한 잡화 판매회사에서 있었던 일입니다. 그 회사는 카탈로그 판매도 실시하고 있었는데, 어느 날 카탈로그 상품을 전화로 주문했던 고객으로부터 클레임이 들어왔습니다. 한 달 전에 주문하고 입금도 끝냈는데, 상품이 아직 도착하지 않았다는 것입니다.

전화를 받은 사람은 신입사원이었기 때문에 어떻게 해야 할지 몰라 쭈뼛쭈뼛하다가, '알아보고 다시 말씀 드리겠다.'고 하고는 전화를 홀딩 해두었습니다. 그러고는 당황해 안절부절 못하다가 그냥 5분을 흘려버렸습니다. 다른 담당자가 전화를 넘겨받았을 때, 이미 고객은 단단히 화가 나 있는 상태였고 그 직원은 죄송하다는 사과만 거듭할 수밖에 없었습니다.

전화를 끊고 직원들은 도대체 왜 이런 일이 일어났는지, 어떻게 대처해야 할지 이야기를 나누고 있었습니다. 그때 임원 한 명이 용무가 있어 그 자리에 오게 되었습니다.

"무슨 일 때문에 이렇게 소란스러운 겁니까?"

담당자는 얼굴이 벌개져서 상황을 설명했습니다. 그러자 임원이 말했습니다.

"우리 회사에선 절대 있어서는 안 될 일입니다. 하지만 일단 상황이 발생한 이상 최선을 다해 고객의 신뢰를 되돌려놓아야만 합니다. 지금 우리는 그 갈림길에 서 있습니다. 그리고 행동의 원칙은 단 하나, 스피드뿐입니다!"

그 자리에서 임원은 해야 할 일을 각각의 직원에게 지시했습니다. 한 명에게는 배송 지연의 원인을 파악하라고 지시했습니다. 다른 직원에게는 해당 상품을 자신의 자리로 가져오라고 지시했습니다. 또 다른 직원에게는 자신의 비서에게 연락해 그날 이후의 일정을 모두 미루도록 지시했습니다. 그리고 클레임을 건 고객의 연락처와 주소를 받았습니다.

자리로 돌아간 임원은 일사천리로 일을 진행했습니다. 직접 상품을 들고 고객의 집까지 달려간 것입니다. 고객의 자택은 홋카이도에 있었는데, 임원은 비행기를 타고 그곳까지 갔습니다. 그리고 그날 저녁 무렵 현관 벨을 누르고, 고객에게 직접 사과인사를 하고 상품을 건네주었습니다.

담당자로부터 오늘 안에 반드시 상품을 보내드리겠다는 전화를 받기는 했지만, 이렇게 빨리, 그것도 임원이 직접 가져다줄 것이라고는 꿈에도 생각지 못한 고객은 깜짝 놀랐습니다. 화가 풀렸을 뿐 아니라, 실로 감동까지 하게 되었습니다.

다음 날 배송 지연의 원인이 밝혀졌습니다. 콜센터에서 주문을 받을 때 담당자가 주소를 잘못 입력했던 것입니다. 평상시라면 반송된 시점에 고객에게 연락을 취했겠지만, 설상가상으로 접수된 전화번호까지 틀린 것이었습니다. 하지만 이것은 담당자의 실수가 아니라, 고객이 잘못 알려준 것임도 밝혀졌습니다. 그래서 상품을 배송하지도 못하고 고객에게 이유를 설명하지도 못한 채, 시간만 계속 흘러갔던 것입니다. 회사에서는 이번 일의 원인과 앞으로의 대응에 대해서도 고객에게 자세히 설명함으로써, 제대로 납득을 시켰습니다.

클레임 대응에 있어서는 '압축사고'가 필요합니다. 평소와는 다른 사고 말입니다. 긴급한 상황이므로 원가나 수고를 따져서는 안 됩니다. 또한 대처 자체로 그치지 말고, 향후 어떻게 개선해나갈지에 대해서도 조치를 취해야 합니다.

장사 잘하는 비결 39
고객 클레임에는 '압축사고'로 대처할 것!

40

대단해! 여유 있어 보이는데 대응은 빠르다!!

바쁜 시간대에 매장에 가보면 대부분의 직원들에게서 여유를 찾아보기 힘들고, 오로지 '서둘러야지.' 하는 마음으로 움직이는 걸 볼 수 있습니다. 그리고 이 '바쁨busy 모드'가 고객을 멀어지게 하는 경우도 있습니다.

둘러보려고 매장에 들어섰다가도 '아, 꽤 바빠 보이네? 괜히 방해가 되려나?' 하고 나가버리거나, 무언가 문의하고 싶은 게 있어도 '저렇게 바쁜데, 나까지 나서서 거들 필요는 없지.' 하고 지레 포기해버리게 되기 때문입니다. 당신도 그런 경험이 있지 않은가요? 매장 직원이 굉장히 바쁘게 일하고 있으면, 왠지 미안한 기분이 들지는 않나요? 궁금한 게 있어도 '다음에 다시 오지 뭐.' 하고 입을 다물게 되지 않던가요?

반면 직원이 너무 느긋하게 일을 하고 있어도, 뭔가 마뜩치 않습니다. 살짝 불안한 느낌도 듭니다. '조금 더 빨리 움직여야 하는 것 아닌가?' 하는 생각이 본능적으로 들고, 나에 대한 서비스까지 소홀히 하지 않을까 염려합니다.

지나치게 바삐 움직여서 고객이 부담을 느끼게 되기도 하고, 반대로 직원의 움직임이 너무 느려 반감을 불러오기도 합니다. 이런 아주 작은 행동 때문에 고객이 매장을 찾는 횟수가 줄어들고 어느새 고객의 발길은 완전히 끊어지게 됩니다.

식당 같은 곳에서 직원이 분주하게 돌아다니며 일을 하면, 한편으로는 '활기 있다.'는 인상을 줄 수도 있지만, 다른 한편으로는 '왠지 손님인 나는 안중에 없는 것 같다.'는 소외감을 느끼게 할 수도 있습니다. 반면 천천히 움직이면 '정중하다.'는 인상을 줄 수도 있지만, '의욕이 없다.', '게을러 보인다.'는 반감을 느끼게 할 수도 있습니다.

그러니 이 둘의 균형을 맞추는 게 매우 어렵다는 사람도 있습니다. 중요한 점은 양쪽이 가진 메리트를 적절히 활용하는 것입니다. 즉 해야 할 일은 신속하고 정확하게 해내되, 고객을 대할 때에는 여유로운 자세로 정중하게 대하는 것입니다. 이렇게 조절하며 대응한다면 고객의 신뢰감을 더욱 높일 수 있습니다.

특히 고객의 클레임을 처리할 때, 이런 속도 조절이 고객의 불만을 빨리 해소하고 매장에 대한 인상을 크게 호전시키는 역할을 합니다.

한 호텔에서 있었던 일입니다. 객실에서 프런트로 전화가 왔습니다. '냉장고에 음료가 없다.'는 클레임이었습니다. 이 고객은 좀 전부터 내선

전화로 수차례 연결을 시도했지만 연결이 되지 않아, 감정이 격앙된 상태였습니다. 더 이상 기다리게 한다면 불에 기름을 붓는 격이 될 것임에 틀림없었습니다.

담당자는 정중히 사과하고, 싹싹하게 응대했습니다.

"바로 준비해서 가져다 드리겠습니다. 조금만 기다려주시겠습니까?"

그러고는 서둘러 음료 세트를 준비해서 잰 걸음으로 달려 객실 앞에 도착했습니다. 문 앞에서 그는 한 번 심호흡을 하고 옷매무새를 단정하게 정리했습니다. 그리고 노크를 한 다음 자연스럽게 객실로 들어갔습니다. 전화를 끊은 지 얼마 되지 않았기 때문에, 고객은 그 신속함에 놀란 듯했습니다. 게다가 당황하거나 숨을 헐떡이는 기색도 없이 정중하고 안정된 모습으로 응대했기 때문에, 고객의 불만은 잦아들었고 전문가다운 대응에 매우 만족했다고 합니다.

이 사례에서 보듯, 서비스를 할 때의 행동의 원칙은 간단합니다.

'고객이 보지 않는 곳에서는 신속하게 움직이고, 고객이 보는 앞에서는 여유 있게 행동한다.'

이것이 바로 상황에 맞는 행동 요령, 바쁜 것과 느긋한 것 사이의 균형을 맞추는 전략입니다. 이걸 능숙하게 조절할 수 있게 되면, 서비스를 받는 고객도 안심하게 됩니다. "1층 프런트에서 객실까지 가려면 시간이……." 하는 식의 변명은 소용없습니다. 고객이 보지 않는 틈을 활용해 최대한 불편함을 덜어주도록 날렵하게 움직여야 합니다.

클레임에 대처할 때든 평소에 접객을 할 때든, 신속함과 정중함을 적절히 조절함으로써 고객에게 좋은 인상을 안겨줄 수 있습니다. 바쁘면 서두르고 한가해지면 느긋해지는 식으로 상황에 휘둘리지 말고, 한가할 때에는 바쁠 때를 대비해 준비하고 바쁠 때일수록 지나치게 허둥댄다는 느낌이 들지 않도록 행동을 조절해야 합니다.

또한 고객 앞에서는 정중하고 여유로운 모습을 보여주고, 고객이 볼 수 없는 곳에서는 가능한 신속하게 일처리하기 위해 서두르는 연습을 해 둡니다. 그 효과는 고객의 평가를 통해 나타날 것입니다. 분명 고객은 당신을 프로페셔널한 직원이라고 여기게 될 것입니다.

장사 잘하는 비결 40 / 적절한 움직임 조절로 서비스의 질을 높일 것!

41

도움을 줘야 할까?
말아야 할까?

'고객은 왕이다!' 이는 서비스 업종에서 마치 금과옥조처럼 사용되는 슬로 건입니다. 하지만 고객이라고 해서 100퍼센트 옳은 것은 아닙니다. 고객 이 틀린 경우도 있고, 고객과 직원의 주장이 모두 맞는 경우도 있습니다.

나는 혼신을 다해 열심히 일하고 있는데, 고객이 '그건 틀렸어!' 하고 말을 한다면, 누구라도 신경이 쓰이는 법입니다. 특히 고객이 강하게 클 레임을 걸면, '혹시 내가 지금 하고 있는 방식이 잘못된 걸까?' 하고 불안 해집니다.

서비스업에 종사하는 사람일수록 귀가 얇아지기 쉽습니다. 고객의 소 리야말로 우리가 경청해야 할 가장 중요한 정보이기 때문입니다.

한 전통과자 판매점에서 일어난 일입니다. 매장에는 이미 고객 몇 명이 있었는데, 80세가 훨씬 넘어 보이는 여성 고객이 들어왔습니다. 겉으로 보기에는 건강한 상태였지만, 무슨 이유인지 지팡이를 짚고 천천히 매장 안으로 들어왔습니다.

그 손님은 다른 고객들이 모여 있는 곳으로 향하고 싶었던 모양입니다. 하지만 그곳으로 들어오려면, 도중에 계단이 있어서 지팡이를 짚은 상태로는 올라오기가 힘들 것으로 판단됐습니다. 그 장소에서 몇 번인가 고객이 발이 걸려 넘어질 뻔한 일도 있었습니다.

직원은 바로 할머니에게 다가갔습니다. 그리고 계단참에서 할머니를 부축하기 위해 손을 내밀었습니다.

"여기 계단이 있으니까 제가 좀 도와드릴까요?"

누가 봐도 싹싹하고 친절한 행동일 뿐이었습니다.

그러나 할머니는 큰소리로 역정을 내기 시작했습니다. "그 손 치우지 못해? 부축해야 될 정도로 약골이 아니야. 나이 먹었다고 지금 무시하는 겐가?"

직원은 갑작스러운 상황에 당황해서 아무 말도 하지 못했습니다. 소리를 들은 점장이 바로 달려와 어떻게든 할머니를 진정시키려 했지만, 할머니는 더욱 심하게 소리를 지를 뿐이었습니다.

직원은 충격을 먹었습니다. 고객을 주시하고 상황을 잘 파악한 다음, 서비스를 제공하는 직원으로서 당연히 해야 할 행동을 했을 뿐입니다. 그런데도 고객이 도리어 화를 내다니, 납득할 수 없었습니다.

매장의 특성상 연배가 지긋한 고객이 많아서, 점장을 위시로 전 직원이 '언제든 도움이 필요한 고객에게 달려가 돕는다.'는 원칙을 고수해왔습니다. 그런데 그런 배려가 오히려 불만을 만들어냈으니, 앞으로는 어떻게 해야 할지 혼란스러워졌습니다.

이후 열린 직원회의에서 다른 직원 역시 걱정스럽다는 듯 입을 열었습니다.

"앞으로는 고객이 도움을 요청하기 전에는 도와드리지 않는 편이 더 낫지 않을까요?"

심지어는 "오히려 긁어 부스럼을 만드는 상황이라면 아예 도와드리지 않는 쪽으로 원칙을 바꾸는 게 어떨까요?" 하고 제안하는 직원도 있었습니다. 자신들이 하는 행동이 맞는지 틀린지, 직원들은 갈피를 잡기 어려워했습니다.

결국 결론이 나오지 않은 채로 며칠이 지났습니다. 그런데 마침 고객으로부터 한 통의 편지가 도착했습니다. '직원 모두가 친절하게 도와준 덕분에 기분 좋게 쇼핑할 수 있었다.'는 내용이었습니다. 다리가 약해서 평소에는 좀처럼 혼자서 쇼핑을 할 엄두를 내기 힘들었는데, 모처럼 방문한 곳에서 불편함이 없도록 부축하고 안내해줘서 정말이지 오랜만에 재밌는 시간을 보냈다는 것입니다. 고객은 직원 모두에게 진심으로 감사하다고 몇 번이고 인사를 했습니다. 다음에 기회가 되면 반드시 다시 방문하겠다는 말도 빼놓지 않았습니다.

편지를 읽은 직원들은 역시 고객을 돕는 것은 제대로 된 서비스였다는 것을 확인할 수 있었습니다. 점장 역시 '언제든 도움이 필요하다고 판단되는 고객에게는 바로 바로 도움을 드릴 것!'을 더욱 확고하게 지시했습니다. 앞서 역정을 낸 고객과 같은 반응은 극히 드물었을 따름이며, 대다수의 고객들은 고맙다고 해주었습니다.

무언가를 고수해야 할까 말아야 할까 갈등이 되는 경우는 매우 많습니다. 한 약국에서 있었던 일입니다. 이 매장에는 연세가 지긋한 고객들이 많이 찾아오기 때문에, 일부러 상품명이나 설명이 좀 더 잘 보이도록 표지판을 크게 만들었습니다. 그런데 어느 날 한 고객이 여기에 대해 불만을 제기했습니다. '상품을 보는 데 방해가 된다.'는 것이었습니다.

약국 직원들은 표지판을 없애거나 바꿔야 할지를 두고 고민에 빠졌습니다. 똑같은 정책이라 해도 어떤 고객은 만족하는 반면, 어떤 고객은 불만을 갖습니다. 그러다보니 무엇이 옳고 그른지 혼란스러워집니다.

이런 때에는 한 고객의 소리만이 아니라 전체를 보는 것이 중요합니다. 어느 쪽 의견이 더 많은지 냉정하게 판단합니다.

본질적으로 더 많은 고객에게 더욱 훌륭한 서비스를 제공하기 위한 정책이라면, 흔들리지 않는 강인함을 가질 필요가 있습니다. 이 약국은 노인들의 구매 빈도가 높은 상품을 선별해서 해당 상품 앞에만 큰 표지판을 설치하기로 했습니다.

잘해 보려고 한 일인데 결과적으로는 클레임으로 되돌아오는 경우가 있습니다. 하지만 긍정적인 마음에서 시작한 일이라면, 그런 몇몇 클레임에 일일이 마음 쓸 필요가 없습니다. 때로는 고객의 클레임에 굴하지 않는 강인함을 갖는 것도 중요합니다.

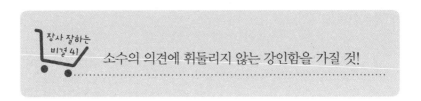

소수의 의견에 휘둘리지 않는 강인함을 가질 것!

'미성년자 여러분의 따뜻한 사랑으로 두 달간 휴가를 받았습니다.

따사로운 봄바람과 함께 더 좋은 서비스를 찾아뵙겠습니다.

3월에 만나요~!'

— ○○○ 곱창 올림

실제 서울 종로구의 한 곱창집에 붙은 안내문입니다. 사진 속에는 위 안내문과 함께 색동 한복을 입은 귀여운 소녀가 절을 올리는 그림이 그려진 현수막이 붙어 있습니다. 그 옆에는 미성년자 입장으로 인해 2개월간 영업 정지를 명령한다는 구청의 공고문이 붙어 있습니다.

SNS를 달군 이 한 장의 사진은 많은 이들로 하여금 공감을 불러 일으켰습니다. 2개월의 영업 정지를 당한다는 것은 음식업을 하는 입장에서는 피가 마르는 일입니다. 원망의 마음도 있고 그동안 손님들이 떨어져 나가면 어쩌나 하는 걱정의 마음도 있을 것입니다.

그러나 이 업주는 단 하나의 현수막으로 상황을 역전시켰습니다. '재치 있다', '재미있다', '어딘지 궁금하다'는 네티즌들의 입소문을 타고 많은 이들의 관심을 모을 수 있었으니 말입니다.

Chapter 6

잘 되는 직원,
잘 되는 팀워크가
매장을 살린다

42

상품만이 아니라
사람이 좋아서 다시 가고 싶어!

직원 한 사람이 혼신의 힘을 다하면 매장은 훨씬 좋은 방향으로 발전합니다. 그런데 단 한 사람만이 아니라 매장 직원 모두가 혼신의 힘을 다한다면, 그 위력은 더욱 커집니다. 모두가 목표하는 바를 단시일 내에 달성할 수 있고, 그 결과 성과도 분위기도 더욱 좋아집니다. 팀워크의 선순환입니다.

팀워크를 최대한 발휘하려면, 구성원들이 함께 공유할 수 있는 '방향성'이 있어야 합니다. 앞 장에서 설명한 것처럼 달성하고 싶은 목적지와 그를 통해 세상에 기여하고 싶은 바를 아우르는 '목표'를 세울 수 있다면 가장 좋을 것입니다. 그러나 '이런 매장을 만들고 싶다.' 같은 추상적인 방향성만으로도 충분합니다. '활기', '열정' 같은 단어로 된 단순한 테마도 상관없습니다.

중요한 것은 그 방향성을 직원 전원이 받아들이고 항상 공유하는 것입니다. 이것이 바로 팀이 하나가 되어 팀워크를 발휘하기 위한 포인트입니다.

프랜차이즈로 운영되는 한 대형서점의 점장 정기미팅 자리에 동석한 적이 있습니다. 제가 '목표의 중요성', '구성원 모두가 만들고 싶어 하는 매장 이미지의 중요성'에 대해 이야기를 건넸더니 점장들이 저마다 자신이 만들고 싶은 서점 이미지에 대해 난상토론을 벌이기 시작했습니다.

그날 회의는 꽤 오랫동안 계속되었습니다. 그런데 이야기를 나누다보니, 점장들이 저마다 매장에 대해 평소 갖고 있던 생각이 하나로 모아지기 시작했습니다. '서점의 본질은 책이 필요한 고객이 그걸 사기 위해 오는 곳.'이라는 것입니다. 그때 한 점장이 말했습니다.

"그러고 보니 우리 지점마다 어디는 책이 더 많이 팔리고 어디는 책이 덜 팔리고 하는 차이는 있어도, 직원이 맘에 들어서 그 서점을 찾는다는 고객은 없는 것 같네요. 다른 업계에서는 직원 서비스에 감동 받은 고객이 그 기대감으로 재방문하는 경우가 많은데, 유독 서점은 그런 경우를 찾아보기 힘든 것 같습니다."

그러자 다른 점장들 역시 공감한다는 표정으로 고개를 끄덕였습니다.

"일손이 부족하고 할 일이 많다는 핑계로 고객에게 서비스한다는 것보다는 오히려 빨리 원하는 책을 찾아드리고 서둘러 계산하는 일에만 신경 썼던 것 같아요. 그러니까 고객들은 대형서점에 오면 당연히 그러려니 하고 책만 사서 서둘러 나가버리곤 하죠. 책의 향기나 사람의 온기를 느낄 틈이 없이 말이죠."

점장들은 토론을 계속해갔고, 마침내 자신들이 동의하는 하나의 방향성을 찾아냈습니다. 그것은 '사람의 매력 때문에 다시 찾는 서점'이었습니다.

저 역시 그 방향성이 무척 마음에 들었습니다. 하지만 구체적으로 어떤 실천을 통해서 그 방향성을 실현해갈지 조금 막연하지 않을까 염려되기도 했습니다. 하지만 저의 그런 우려가 무색해질 정도로 다양하고 신선한 아이디어들이 나왔습니다.

"'사람의 매력이 넘치는 서점'을 테마로 해서 명함 크기의 크레도credo를 만들어서 직원들에게 나눠주고 매일 조례 때마다 환기시킵시다."

"매장 별로 다양한 사례들을 모아서 발표하는 시간을 갖고, 서로 베스트 실천 사례들을 배우도록 합시다."……

결국 '사람의 매력이 넘치는 서점'이라는 일치된 목표 아래, 전 프랜차이즈 매장에서 다양한 활동들이 이어졌습니다. 그 활동의 일환으로 점내 장식을 바꾸자는 의견이 나왔습니다. 대부분의 서점들은 포스터나 POP, 안내판을 부착하는 정도로 끝나지만, 이 서점에서는 직원들의 '참신한 아이디어'를 담아 점내를 장식하기로 했습니다. 매장에서 행하는 각종 서비스, 즉 책을 추천해주는 어드바이스, 검색 서비스, 경품 캠페인 같은 안내의 경우에도 기존의 일률적인 안내문 부착에서 탈피해 흥미롭고 사람 냄새가 나는 홍보물로 만들었습니다. 그러자 눈에 더 금방 들어와서 고객들이 예전보다 쉽게 이용할 수 있게 되었습니다.

'서점은 딱딱한 곳'이라는 이미지를 탈피하기 위해서 명찰을 커뮤니케이션 도구로 활용하기로 했습니다. 이전에는 작은 명찰에 담당 업무와 이름만 써넣었지만, 이제는 그날 추천하는 책 제목이나 특기 같은 것을 추가로 적어 매일 바꿔달았습니다. 명찰을 바꾼다고 갑자기 큰 변화가 일어나는 것은 아닙니다. 하지만 알록달록 커다란 명찰에 눈길을 주는 고객이 확실히 늘어났습니다. "명찰 재밌네요." 하고 반응을 보여주는 고객도 많아졌습니다.

가장 중요한 인사와 밝은 표정에도 철저히 신경 쓰도록 했습니다. 아무리 다양한 도구를 이용해 고객의 시선을 사로잡는다고 하더라도 가장 기본적인 예의를 갖추지 못하면 '사람의 매력이 넘치는 서점'을 절대 만들 수 없기 때문입니다.

이렇게 고객이 편안해 하는 서점을 목표로 전 직원이 노력을 거듭했습니다. 팀이 하나가 되어 같은 목표를 향해 노력해나가자, 얼마 뒤 본인들도 놀랄 정도로 매출이 올라 있었습니다. 이 역시 팀이 같은 목표를 공유하는 것이 얼마나 중요한지 깨닫게 해준 소중한 결과였습니다.

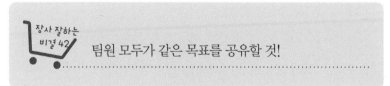

장사 잘하는 비결 42 팀원 모두가 같은 목표를 공유할 것!

43

그냥 서비스가 아니라
완벽한 서비스가 목표!

팀 전체가 조화를 이루어 고객으로부터 좋은 평가를 받으려면 고객으로 하여금 '여기는 다른 곳과는 확실히 다르네.' 하는 생각이 들도록 만드는 게 중요합니다.

다시 말해 고객에게 매장의 매력을 확실하게 어필해야 합니다. 앞서 이야기했듯 어떤 매장을 만들어가고 싶은지 목표가 명확해야 팀 구성원 모두의 생각이 일치하게 되고, 이렇듯 일관되게 실천할 때라야 고객 역시 매장의 매력을 체감하게 됩니다.

일반적으로 프랜차이즈 매장은 어디든 똑같다고 생각하는 사람들이 많습니다. 하지만 항상 같은 매장에만 가는 경우이거나 단 몇 군데밖에 경험하지 못한 사람들의 단견일 뿐입니다. 프랜차이즈로 운영되는 아무리 뛰어난 회사라 해도, 매장마다 어느 정도의 차이는 존재합니다.

저는 전국 각지에 있는 동일 브랜드의 프랜차이즈 매장을 몇 개월에 걸쳐 방문한 경험이 많습니다. 이때 놀라웠던 것은 매장마다 느껴지는 차이였습니다. 접객 수준이 높은 매장을 발견하면, 다른 곳과는 무엇이 다른지 연구했습니다. 그 결과 알게 된 것이 바로 수준 높은 매장은 모두 '목표로 하는 키워드'가 존재한다는 사실입니다.

정작 본인들은 그게 목표로 하는 키워드라는 걸 인지하지 못하더라도, 전 직원 모두가 공유하는 '이런 매장을 만들고 싶다.'는 명확한 이미지가 있다는 것을 알 수 있습니다.

한 일식 전문점의 사례입니다. 매장 중 한 곳의 키워드는 '완벽한 서비스'였습니다. 그러다보니 그곳 매장에서는 다른 매장에서는 볼 수 없는 서비스가 수시로 제공됩니다. 원래 본사가 정한 방식은 물수건을 트레이에 담아 테이블 위에 올려두는 것입니다. 그러나 이곳은 겨울에는 따뜻하게, 여름에는 차갑게 한 물수건을 집게로 집어 손님 각자에게 일일이 나눠줍니다. 비행기 기내 서비스처럼 말입니다.

고객의 코트는 입구에서 받아 옷장에 보관하고, 가방 역시 바구니에 담아 테이블 한쪽에 보관하도록 돕습니다. 이는 본사에서는 전혀 지시하지 않은 사항입니다.

다시 말해 이 매장은 본사가 요구하는 것 이상의 서비스를 고객에게 제공하는 것입니다. 이 또한 '완벽한 서비스'를 가장 중요한 과제로 삼고, 직원 전체가 이에 대해 공유하고 있기에 가능한 일이었습니다. 다른 프랜차이즈 매장들은 '일손이 딸려서…….'라며 실천하지 않는 일을 성실하고 묵묵히 해내고 있었습니다.

처음에는 본사 회의 때 다른 프랜차이즈 매장 직원으로부터 "뭘 그렇게까지 힘들게 일하냐?"라는 식의 비아냥거리는 지적도 받았다고 합니다. 하지만 점장이든 직원이든 그런 말에 아랑곳하지 않고, 오로지 자신들이 정한 '완벽한 서비스'를 구현하기 위해 하나가 되어 노력했습니다.

그 결과 도심부에 위치한 매장이 아닌데도 단골고객이 크게 늘어, 전국 매출 랭킹 상위권에 이름을 올리게 되었습니다. 상위권의 매장은 대부분 동경 시내 혹은 입지가 좋고 임대료가 비싼 곳들뿐이었습니다. 그러므로 이 매장의 성과는 매우 보기 드문 케이스였습니다.

이처럼 명확한 키워드를 가지면 팀원들과 공유하기가 훨씬 수월해집니다. 직원 연수나 아침 미팅 때에도 그 키워드를 주제로 대화를 나누고 아이디어를 냅니다. 그러다보니 팀워크도, 팀의 실행력도 한 단계씩 지속적으로 상승하였습니다.

성공을 거둔 매장의 점장들은 이것저것 일일이 가르치는 것보다, 목표로 하는 키워드만 반복해서 알려주는 편이 훨씬 더 효과적이라고 입을 모아 말합니다.

당신의 매장은 명확한 키워드가 있나요? '어떤 매장을 만들고 싶은가?'에 한 마디로 대답할 수 있나요? 단 한 마디로 정의 내릴 수 있어야 합니다. 그리고 그 키워드를 전 구성원이 공유해나가야 합니다. 기회가 있을 때마다 그 키워드를 반복해 강조합니다.

그러면 자연스럽게 키워드가 팀원 모두의 마음에 새겨지게 됩니다. 예를 들어 '신속한 대응'이라는 키워드를 정했다면, 항상 스피드를 중시하려는 의식을 갖고 미팅에서도 스피드라는 키워드에 대해 계속해서 서로 이야기합니다. 또한 신입직원에게는 어떻게 하면 신속한 대응이 가능한지 조언을 해줍니다.

키워드를 향해 적극적으로 나아간다면 '어느 곳보다 대응이 신속한 매장'이 되는 것은 이제 시간문제입니다.

 장사 잘하는 비결 43 _ 우리 매장만의 독자적인 키워드를 정할 것!

44

'크레도'를 모른다면
일류라고 할 수 없지!

혹시 '크레도credo'라는 말을 들어본 적이 있습니까? 번역하자면 '신조信條'라고 할 수 있는데, 쉽게 말하면 '반드시 지켜야 할 소중한 약속'이라고 할 수 있습니다.

특급호텔 리츠 칼튼의 크레도는 매우 유명합니다. 초대사장인 홀스트 슐츠Horst Schultz는 "우리 호텔의 성공 비결은 '크레도', 이것밖에 없다!"고 할 정도로 크레도를 중요하게 생각했습니다. 리츠 칼튼의 직원 주머니에는 모두 이 크레도가 적힌 카드가 들어 있습니다. 여기, 리츠 칼튼의 크레도를 소개합니다. 자긍심이 묻어나는 우아한 글귀로 되어 있기에 엉어 본도 같이 소개합니다.

리츠 칼튼의 크레도(The Credo of Ritz-Carlton)

리츠 칼튼 호텔은 최상의 케어를 통해 손님들에게 안락함을 선사하는 것을 최고의 사명으로 삼는다.

The Ritz-Carlton Hotel is a place where the genuine care and comfort of our guests is our highest mission.

우리는 손님들이 포근하고 여유로우며 고상한 환경을 만끽하도록 훌륭한 맞춤형 서비스와 시설을 제공할 것을 맹세한다.

We pledge to provide the finest personal service and facilities for our guests who will always enjoy a warm, relaxed, yet refined ambience.

리츠 칼튼에서의 경험은 오감을 깨우고 웰빙을 맛보게 하며 손님들이 요구하지 않는 숨은 니즈까지도 만족시킨다.

The Ritz-Carlton experience enlivens the senses, instills well-being, and fulfills even the unexpressed wishes and needs of our guests.

왠지 저 글귀를 읽는 것만으로도, 내가 하는 일에 대한 자긍심이 샘솟을 것 같지 않나요?

물론 크레도라는 말 자체만 들으면, 왠지 만들기 어려울 것 같다는 생각이 듭니다. 게다가 크레도가 있는 기업들은 거의 대부분 세계 초일류들입니다.

그러니 우리가 일하는 매장과 크레도는 뭔가 어울리지 않는다고 여기는 사람들이 많은 듯합니다.

자, 그럼 크레도라는 말 대신 '우리가 지켜야 할 소중한 약속을 문서로 만든 것'이라고 바꾸면 어떨까요? 그다지 어렵게 느껴지지 않지요? 이 약속은 직원 모두가 지켜야 합니다. 한 사람이라도 약속을 깨버리면 모든 것이 물거품이 되어버립니다. 크레도는 회사 차원에서 전사적으로 작성하고 실천할 수도 있지만, 각각의 매장 혹은 팀이나 개인 단위에서도 활용할 수 있습니다. 그리고 잘만 사용한다면 큰 위력을 발휘할 수 있습니다. 앞서 말한 키워드를 팀 전체에게 공유시키는 데에도, 크레도는 매우 도움이 됩니다.

크레도란 직급이 높은 사람이 혼자 책상 앞에 앉아 머리를 굴려 만드는 게 아닙니다. 제대로 된 크레도, 전 직원이 실천할 수 있는 크레도를 만들려면 직원 모두가 모여 자신의 의견을 개진해야 합니다. 첫 3개월은 테스트 기간으로 정하고 의견을 반영해 수정해나갑니다.

그렇다면 이 크레도를 도입해 성공을 거둔 매장의 사례를 빌어 크레도를 만드는 법을 한 번 살펴보도록 하겠습니다.

우선 전 직원이 모두 모인 자리에서 '어떤 매장을 만들고 싶은가?'에 대해 이야기를 나눕니다. 좀처럼 모일 기회가 없다면, 간단한 설문을 만들어 직원들의 생각을 모을 수도 있습니다. 회사의 이념도 고려해가면서 어떤 매장으로 나아가고 싶은지 직원 모두가 검토해나갑니다.

예를 들어 '항상 활기 넘치는 매장' 등 최대한 구체적으로 만드는 것이 좋습니다. 여기까지가 첫 단계입니다.

직원 전원이 모이면 분명 다른 의견들도 나옵니다. 그럴 때는 각자가 납득할 때까지 충분한 토론을 거칠 필요가 있습니다. 동의하지 않은 채 강압적으로 추진하는 것은 좋지 않습니다.

그 다음으로 결정해야 하는 것은 '약속'입니다. 첫 단계에서 정해진 '목표'를 실천하기 위해서 각자 어떤 약속을 해야 하는지 서로 이야기합니다.

방법으로는 한 명당 10가지 정도씩 의견을 써내게 하거나, 목표를 정할 때와 마찬가지로 미팅을 통해 의견을 모아도 됩니다. 나온 의견을 취합해 비슷한 의견들을 하나의 그룹으로 묶어 정리해나갑니다. 모두의 의견을 하나하나 신중하게 검토하며 최종적으로 3개~10개 정도의 '약속'을 추출합니다. 숫자가 많아져도 도저히 버릴 수 없는 의견이라면 일단 남겨둡니다.

여기까지 진행되었다면 거의 완성되었다고 볼 수 있습니다. 마지막 단계에서는 약속을 문서화하고, 모두가 쉽게 볼 수 있는 장소에 붙여둡니다. 또한 명함 크기 사이즈로 만들어서 각자 지니고 다닐 수 있도록 합니다. 매장 전체가 아닌 개인이 크레도를 만들 때에도 과정은 같습니다.

크레도는 만드는 것도 중요하지만, 매일 반복해 상기하는 것이 더욱 중요합니다. 의사결정을 할 때 미심쩍은 것이 있다면 이 크레도를 근거로 판단을 내립니다. 항상 휴대하면서 수시로 읽어보고 직원 모두가 크레도를 가깝고 친근한 것으로 여기도록 만듭니다.

이렇게 나만의 크레도를 성실히 활용한다면, 자연스럽게 고객에게도 그 마음이 전달될 것입니다. 또한 팀의 유대감을 높이는 데도 뛰어난 효과를 발휘하게 될 것입니다.

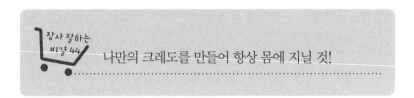

장사 잘하는
비결 44

나만의 크레도를 만들어 항상 몸에 지닐 것!

45

일만 해준다면
누구라도 상관없다?

팀워크를 높이기 위해서는 직원 한 사람 한 사람의 의식도 매우 중요합니다. 베테랑 한 사람이 아무리 열심히 노력한다 해도 역시 한계가 있는 법이니까요. 그렇기 때문에 새로 들어온 직원은 처음부터 철저하게 가르칠 필요가 있습니다.

그런데 그보다 더욱 중요한 것이 있습니다. 바로 어떤 사람을 뽑을까하는 것입니다. 한 사람의 열정과 노력으로는 팀원 전체에게 영향을 주기가 쉽지 않지만 한 사람의 부정적인 태도와 불만은 모두에게 쉽사리전염됩니다. 그러므로 어떤 사람을 팀의 일원으로 합류시킬 것인가는 조직 전체의 사활이 걸린 중차대한 문제입니다.

현장 경영자들과 이야기를 나누다보면 공통적으로 호소하는 게 있습니다. 요즘에는 아무리 구인광고를 열심히 해도 좀처럼 인재를 구하기가 힘들다는 것입니다. 어렵사리 채용한 직원은 들어온 지 얼마 되지 않아 그만둬버립니다. 이런 일이 반복되다보니 일손은 계속 부족해지고 경영에 악영향을 미칠 수밖에 없습니다. 그렇다고 급여를 대폭 올려줄 수도 없습니다. 마진율이 높지 않은 소매업에서 직원 인건비가 올라간다는 것은 매우 심각한 비용 상승이기 때문입니다. 급여를 많이 준다고 그렇게 들어온 사람이 성실하게 장기근속할지도 미지수입니다.

그러다보니 매장에서는 채용한 직원을 엄하게 대하지 못하게 됩니다. 너무 엄격하게 가르치다가 그만두기라도 하면 애써 가르친 게 공염불이 되기 때문입니다. 일부 매장에서는 직원 이탈이 두려운 나머지 신입사원이 잘못해도 엄격하게 주의를 주기는커녕 오히려 부탁하는 태도로 일관하게 됩니다. 인원 확보가 어려우니 일단 마음에 안 들어도 채용하고 본다는 경영자도 있습니다.

하지만 이런 방식으로는 뛰어난 팀워크를 만들 수 없습니다. 또한 매장이 목표로 삼는 방향과 정반대의 사람을 채용해선 안 됩니다. 일손이 부족해서라는 것은 알지만, 매장의 철학과 일치하지 않는 사람은 결국 얼마 안 돼 그만두게 될 것이고 이탈이 잦으면 매장의 전반적인 분위기가 나빠집니다. 그러니 일손이 부족해 힘들고 적임자를 찾기까지 시간이 걸리더라도 매장의 운영 방침과 맞는 사람을 채용해야 합니다.

또한 채용을 할 때에는 가감 없이 상황을 알려주어야 합니다. 그중 빼놓지 말아야 할 것이 바로 '일의 어려움'입니다. 생각한 것보다 훨씬 더 일이 힘들 수 있다는 걸 확실히 알려주고, 그래도 일할 의사가 있는지 묻습니다. 면접 때에는 구체적으로 어떤 일을 하게 되며 그 일이 왜 중요한지, 또 일을 하는 과정에 어떤 어려움이 있는지 상세히 알려주어야 합니다. 경우에 따라서는 선임자를 불러서 실제 현장 돌아가는 이야기를 설명하도록 하면 좋습니다.

한 음식점 점장에게 들은 이야기입니다. 그 매장은 그만두는 직원도 적고 직원 한 사람 한 사람의 접객 수준도 상당히 높은 곳입니다. 저는 그 비결을 물어보았습니다.

역시나 면접 때 일이 상당히 힘들 수 있다는 점을 미리 알리고, 담당하게 될 업무의 내용도 상세하게 말해준다고 합니다. 더욱 특이했던 것은 채용 후 일주일동안은 서로 파악하는 기간으로 정한다는 것이었습니다. 그 일주일간 일하는 모습이나 태도를 보고 점장이 함께 일하기 어렵겠다고 느끼면 단호하게 그 뜻을 본인에게 전합니다. 일종의 인턴 기간인 셈입니다. 물론 일주일의 평가기간이 있다는 것 역시 면접 때 미리 알려줍니다. 반대의 경우, 즉 채용된 사람도 막상 일을 해 보니 자신에게는 맞지 않다고 생각되면 이메일 한 통으로 간단히 그만둔다는 의사를 전할 수 있습니다.

어떤 사람을 채용하느냐는 서비스의 질을 좌우합니다. 그러므로 설령 아르바이트생이라 할지라도 임시방편 식으로 채용해선 안 되고 매장에 대한 모든 것을 알려주고 어느 정도 일의 내용과 고충에 대해 납득한 후에 일할 수 있도록 배려하는 게 필요합니다.

일이 얼마나 힘든지 알고도 입사를 결정한 사람이야말로 진정으로 매장에 힘이 되어줄 사람입니다. 이렇게 뽑은 직원들이 많아질수록 그만큼 서비스의 질은 높아지고, 직원의 이직률은 낮아집니다. 결국 함께 일하는 동료들의 의욕도 높여줍니다.

현재 직원들에게서 전혀 의욕이나 활기가 느껴지지 않는다면, 장기적인 시야를 가지고 대책을 생각해 볼 필요가 있습니다.

직원을 뽑을 때는 엄격하고 솔직할 것!

46

아르바이트생이니까
몰라도 된다?

'서비스의 사각지대'라고 하면 무슨 이야기인가 할 것입니다. 매장이 많은 전문 프랜차이즈의 경우 이런 일이 잦습니다.

흔히 프랜차이즈 매장이라고 하면 무엇이든 표준화되어 있고 어디를 가도 일관된 서비스를 제공 받을 거라는 인상을 받게 마련입니다. 하지만 모든 서비스에는 '사람'이 관련되어 있는 만큼 이는 절대 변함없는 불문율이 아닙니다.

특히 문제는 파트타이머나 아르바이트생의 서비스 교육입니다. 대부분 매장에서 정사원이나 풀타임 직원을 대상으로 한 교육은 제대로 실행되는 데 반해, 아르바이트생이나 파트타이머에 대해서는 연수나 교육이 전혀 이루어지지 않습니다. 그래서 요일이나 시간대에 따라 고객이 체감하는 서비스의 질이 현저히 달라집니다.

한 화장품 매장에서 실제로 있었던 일입니다. 그 매장을 평일 한가한 시간에 방문해 보면 상품에 대해 잘 아는 직원이 친절하게 대응해줍니다. 그런데 일요일이나 혼잡한 시간대에 방문하면, 아직 일에 익숙하지 않은 직원이 응대하는 경우가 많습니다. 상품에 대해 질문해도 팸플릿을 가져와 적힌 대로 읽거나 상품의 진열 위치조차 몰라 허둥대기도 합니다.

이 매장은 휴일과 피크타임에만 파트타이머나 아르바이트생을 투입해 운영하고 있었습니다. 하지만 이들 대부분이 제대로 된 교육이나 연수를 받지 않은 채 현장에 배치되기 때문에, 무엇을 어떻게 설명하면 좋을지 전혀 모르고 있었습니다. 본사에서는 직원도 같이 현장에 있으니 판매하는 데 문제가 없을 걸로 판단했던 모양입니다.

하지만 그것은 잘못된 생각이었습니다. 타 매장이 상품에 대한 자세한 설명과 능숙한 서비스로 매출을 늘려나가고 있을 때, 이 매장에서는 고객이 방문은 해도 구입까지 이어지지가 않았습니다. 고객이 구입할 의사를 가지고 상품에 흥미를 보여도 적극적인 대응으로 구입하게 만들 힘이 직원에게 없었기 때문입니다.

이런 상황을 알게 되었는데도 당장은 현재의 방식을 바꿀 수 없었습니다. 왜냐하면 아르바이트생이나 파트타이머들까지 교육시킬 프로그램과 노하우가 이 매장에는 전무했기 때문입니다. 자신들이 직접 판매를 할 수는 있지만 그 기술을 가르치지는 못했던 것입니다. 그 결과 아무 방법도 찾지 못한 채 근본적인 개선은커녕, 문제가 방치된 채 시간만 흘렀습니다.

여기에서 우리가 기억해두어야 할 것은 고객에게는 절대 변명이 통하지 않는다는 것입니다. 예를 들면 '아르바이트생이라서 상품 설명이 불가능하다.'는 것으로는 고객을 납득시킬 수 없습니다. 고객은 매장에 직원으로 서 있는 이상 그가 누구라도 충분히 설명과 안내를 해줘야 한다고 생각합니다. "일요일에 근무하는 직원은 모두 아르바이트생과 파트타이머라서……." 하는 식의 속사정은 고객과 전혀 관계없는 일입니다.

트러블이 생겼을 때에도 '안타깝게도 그 시간에는 아르바이트생밖에 없었기 때문에……' 하는 변명으로 무마하려 한다면 이는 큰 착각입니다. 만약 레스토랑에서 "오늘 요리는 온 지 얼마 안 된 신입직원이 만들어서 맛이 없었던 것 같습니다. 이해해주세요." 하고 말한다면 납득할 수 있을까요? 오히려 더 그 식당을 신뢰할 수 없어지는 게 당연합니다.

같은 금액을 지불한 이상 고객은 언제 매장을 방문해도 일관된 서비스를 받을 권리가 있으며, 매장은 일정 수준의 서비스를 제공할 의무가 있습니다. 매장은 언제 누가 현장에 나와도 안심하고 고객이 만족할 만한 서비스를 제공할 수 있도록 팀워크를 만들어야 합니다. 점장이나 리더가 없더라도 매장이 원활히 돌아갈 수 있는 구조를 만들어야 합니다. 그러려면 모든 직원이 자신들이 판매하는 상품에 대해 일정 수준 이상의 지식을 갖도록 교육해야 합니다.

또한 일정 수준 이상의 접객 서비스 능력도 갖춰야 합니다. 아르바이트생이든 파트타이머든 구분 없이 직원 전원이 일정 수준의 스킬을 갖춰야 합니다. 매장은 언제든 신참 직원을 교육할 수 있는 환경과 프로그램을 준비해두어야 합니다. 직원 전원이 같은 교육을 받는다면 매장 전체 레벨을 일정 수준 이상으로 올릴 수 있습니다. 그리고 그 다음으로 중요한 것이 '정보 공유'입니다. 이것이 제대로 실천되면 매장의 질은 더욱 높아집니다.

만일 당신이 속한 매장에서도 직원에 따라 서비스에 큰 차이가 있다고 느껴진다면 지금 당장 상황을 개선해야 합니다. 스터디를 열고 전체 직원의 수준 향상을 도모하거나, 신상품 정보나 클레임 내용 등을 공유하는 일 등은 지금부터라도 당장 시작할 수 있습니다.

고객이 언제 방문해도 안심하고 이용할 수 있도록 높은 수준을 가진 팀을 만든다면 매장의 가치도, 그 안에 속한 구성원들의 가치도 높아질 것입니다.

장사 잘하는 비결 46 지휘고하, 근무연한에 무관하게 정보를 공유할 것!

47

너무나 당연한 일들, 잘 지켜지고 있지?

'좋은 점은 계속 유지하고 나쁜 점은 개선해나간다.' 이것은 너무나 당연한 이야기이지만, 실제로는 말처럼 간단하지 않은 듯합니다. "알기는 하는데 실천이 안 돼." 이렇게 호소하는 사람이 많지요. 매장 역시 알고는 있는데 실천하지 못하는 일들이 많습니다.

그렇다면 간단한 일조차 실천하는 게 어려운 이유는 무엇일까요?

첫째, 말로는 고쳐야 한다고 외치지만, 마음 깊은 곳에서는 '지금 상태로 편하니 바꾸고 싶지 않다.'고 생각하기 때문입니다. 이것이 바로 동기부여motivation의 영역입니다.

둘째, 고치고는 싶지만 어떻게 해야 할지 방법을 모릅니다. 이는 기술적인 문제이기도 하지만, 다시 한 번 들여다보면 이 역시 동기부여의 영역입니다. 개선할 방법을 찾으려고만 한다면 전문가에게 묻거나 잘하고 있는 매장을 벤치마킹하는 등 다양한 방법이 있기 때문입니다. 선배나 동료와 상담하거나 고객에게 직접 물어보는 등 방법은 얼마든지 있습니다. 그런데도 "뭘 어떻게 해야 할지 모르겠다."고 말하는 것은 진심으로 고치고자 하는 마음이 없다고밖에 볼 수 없습니다.

제가 여러 매장을 다녀보면서 느꼈던 점은 역시나 뛰어난 매장 직원들은 '좋은 점은 계속 유지하고 나쁜 점은 개선해나간다.'는 원칙에 철저하다는 것입니다.

문제가 생기면 그걸 해결하려고 모두가 머리를 맞대고 궁리하고 곧바로 행동을 개시합니다. 이들에게 '어떻게 해야 하지…….' 하는 식의 망설임은 보이지 않습니다. 시행착오를 거치더라도 일단 어떤 대책이든 시작합니다. 실패하면 다른 방법으로 다시 시도합니다.

반면 개선이 안 되는 매장 직원들은 아무 계획이 없이 되는 대로 움직입니다. 그러니 항상 주어진 상황에 한정된 대응이 될 뿐이며, 시행착오를 통해 발전하거나 더 다양한 실천을 하는 일로 이어지지 않습니다.

한 일본 전통여관의 사례를 들어보겠습니다.

이곳에선 이용 고객에게 매장을 평가하는 설문을 부탁하곤 합니다. 좋은 평가를 받으면 해당 직원을 표창합니다. 한편 나쁜 평가를 받아도 책망하거나 징계하지는 않고 며칠 내로 개선안을 내고 한 달 안에 실행할 수 있도록 합니다.

한 달 뒤 지배인이 중심이 되어 각 직원들로부터 개선 보고를 받습니다. 또한 외부 컨설턴트에게 의뢰해서 개선된 부분과 아직 개선이 되지 않은 부분을 점검 받기도 합니다. 지금까지의 좋은 사례와 나쁜 사례를 모두 컴퓨터에 입력해두고 전 직원이 일람할 수 있도록 했습니다. '좋은 점은 칭찬하고 나쁜 점은 빨리 개선한다.' 이 방식이 정착되면서 그걸 당연하게 받아들이는 조직으로 바뀌어갔습니다.

좋은 점을 계속 유지하려면 표창 등을 통해 칭찬해야 합니다. 누구든 칭찬을 받으면 기분이 좋아지고 더욱 노력하려 합니다. 반면 나쁜 점을 발견했을 때는 얼마나 빨리 개선할 수 있느냐가 가장 중요합니다. 빨리 개선하려면 팀원 모두 하나가 되어 일사불란하게 움직여야 하지요. 또한 어떤 내용이든 서로 이야기하는 '소통' 역시 필수불가결입니다. 이런 경험과 사례들을 데이터화되어 노하우로 축적되어갑니다. 데이터를 보면 클레임 종류나 추이도 체크할 수 있습니다. 빈번하게 생겨나는 클레임이라면 근본 대책을 생각해야 할 것입니다.

"그런 일이 말처럼 그리 쉬운 게 아니야. 우리도 안 해 본 게 아니야." 하고 말씀하시는 분도 있을지 모르겠습니다.

하지만 이 모든 것은 어느 날 갑자기 엄청난 노력으로 이룩한 것이 아닙니다. 매일매일, 매번 '좋은 점은 유지하고 나쁜 점은 개선한다.'는 기본원칙을 모든 직원이 한 걸음 한 걸음 실천한 결과입니다.

작고 작은 것이 모여서 대단한 것이 되었을 뿐, 처음부터 대단한 노력을 기울인 게 아닙니다. 그러므로 지금이라도 개선해야 할 점을 발견하면 방치하지 말고 바로 실행에 옮기는 것을 시작해 보기 바랍니다. 이런 당연한 것이 지켜지면, 더 큰 목표도 자연스레 달성해갈 수 있습니다.

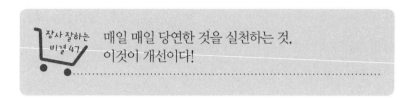

장사 잘하는
비결 47

매일 매일 당연한 것을 실천하는 것,
이것이 개선이다!

48

활기찬 인사 메아리가
팀워크를 말해준다!

활기찬 매장을 들여다보면 직원들의 반응이 빠르다는 것을 알 수 있습니다. 매장의 활기는 좋은 매장을 가려내는 판단기준이 되기도 합니다. 예를 들어 매장에 들어서자마자 "어서 오십시오."라는 인사가 들리고 이어서 바로 다른 누군가가 "어서 오십시오." 하고 외치며 메아리처럼 기분좋은 파동이 느껴집니다. 또 매장을 나설 때에는 "감사합니다." 하고 한 명이 말하면 곧이어 "감사합니다."라는 소리가 따라 들려옵니다. 뛰어난 매장은 인사 하나에도 직원들의 반응이 빠릅니다.

이런 '메아리'를 매장에 정착시키기 위해서는 세 가지 조건이 필요합니다.

첫째, 직원 한 사람 한 사람이 매장에서 벌어지는 상황을 확실히 파악하고 있어야 합니다. 오로지 자기 일에만 몰두해 있는 사람은 매장의 전체 상황을 알지 못하기 때문에 정확한 타이밍에 인사를 하지 못합니다. 정신을 차렸을 때는 이미 모두들 인사를 마친 후입니다. 반면 매장의 전체 상황을 시야에 두고 일하는 사람은 매장 안에서 무슨 일이 일어나는지 파악하는 능력이 뛰어나기 때문에 타이밍을 놓치는 일이 없습니다.

둘째, 어떤 상황에서 인사를 할 것인가 하는 일련의 흐름을 파악하고 있어야 합니다. 그렇지 않으면 언제 어디에서 인사를 할지 모른 채 한 박자 늦어지기 쉽습니다.

자신의 업무를 하면서도 "지금 저 고객의 상품을 포장하고 있으니까 조금 있으면 인사를 하겠구나." 하고 상황을 파악할 수 있다면 한 템포 늦어지는 일은 생기지 않을 것입니다.

셋째, 적절한 타이밍에 약간 고음의 활기찬 목소리를 내는 것입니다. 메아리 인사가 제대로 지켜지고 있는 매장을 보면 전체적으로 직원들의 밝고 높은 목소리가 매장 안에 울려 퍼지게 마련입니다.

이 '메아리'만으로도 매장의 역량을 어느 정도 파악할 수 있습니다. '메아리'는 직원의 팀워크에 달려 있기 때문입니다. '메아리'란 직원 모두가 함께 줄넘기를 하는 것과 같습니다. 한 명이라도 줄에 걸리면 '메아리'는 실패합니다. 매번 '시~작'이라고 구호를 넣어주는 사람이 있는 것도 아니니, 보이지는 않지만 호흡을 맞추어 자신의 메아리가 들어갈 타이밍을 맞출 필요가 있습니다.

'메아리'에는 몇 가지 패턴이 있는데 이 역시 팀워크를 대변해줍니다. 마치 연극의 무대 인사를 보는 것처럼 전원이 다같이 활기 넘치게 인사하는 매장은 틀림없이 팀워크가 좋은 매장입니다. 이런 매장에서는 고객이 먼저 말하기 전에 알아차리고 서비스를 제공하는 배려도 자주 볼 수 있습니다. 이런 매장의 직원은 목소리 톤만 높은 것이 아니라 고객의 감정을 헤아리는 능력도 뛰어납니다.

인사를 하고는 있는데 활기가 전혀 느껴지지 않는 매장도 있습니다. 이런 매장에는 자기가 맡은 일만 하면 된다고 생각하는 직원이 많습니다. 중심은 항상 자기 눈앞에 있는 일에 있으므로 일단 소리만 내는 정도로 끝내버립니다. 무언가 트러블이 생겼을 때 "나는 모른다. 내가 한 일이 아니다."라는 분위기로 바뀌는 것도 이런 팀의 특징입니다.

마지막으로 가장 문제인 것은 메아리가 전혀 없는 매장입니다. 고객의 눈앞에 있는 직원만이 "어서 오십시오."라고 말하며 다른 사람들은 돌아보지도 않습니다. 이런 경우는 대부분의 원인이 점장에게 있습니다. 점장 자신부터 의욕이 없으니 직원에게 아무것도 가르치지 않습니다. 결과적으로 직원들은 모두 제각각 움직이게 됩니다. 당연히 매장의 매상은 낮아지고 청결도나 서비스의 질도 떨어집니다. 어느 누구도 의욕을 갖고 열심히 하려는 사람이 없으니 어찌 보면 너무나 당연한 결과입니다.

한편 점장 혼자만 인사하는 경우도 있습니다. 이 경우는 점장에 대한 불신이 이미 모든 직원들의 마음속에 자리하고 있다고 생각하면 이해하기 쉬울 것입니다. 점장이 의욕이 있다는 것은 그나마 다행스럽지만, 공중에서 헛돌고 있는 상황입니다. 직원과의 신뢰관계가 구축되어 있지 않은 상태에서 '열심히 해야지.' 하는 의욕만 앞섰을 때 이런 결과를 초래합니다.

또한 점장이 직원들에게 싫은 소리를 못하는 성격인 경우도 있습니다. 사람이 너무 좋아서 직원에게 주의조차 주지 못하기 때문에 결국에는 스스로 모든 것을 하려고 합니다. 직원들도 이미 그런 점장에게 길들여져 '점장님이 하시겠지.' 하고 미루게 됩니다.

'메아리'가 울려 퍼지는 매장을 만들기 위해서는 직원 모두의 협력이 절대적으로 필요합니다. 그리고 직원들을 솔선해서 이끌어가는 역할은 리더의 몫입니다. 이를 위해서는 규율도 반드시 필요하며, 직원 한 사람 한 사람의 접객 수준도 요구됩니다. 그리고 무엇보다도 고객에게 '마음을 다해' 서비스한다는 것이 어떤 것인지를 직원 모두가 정확하게 이해하고 있어야 합니다. 직원 모두가 고객의 소중함을 느끼고 있는 매장이라면 듣기 좋은 '메아리' 소리가 울려 퍼질 것입니다.

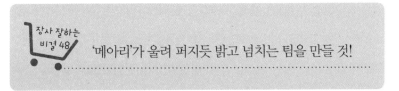

장사 잘하는 비결 48 '메아리'가 울려 퍼지듯 밝고 넘치는 팀을 만들 것!

49
호흡이 '척척' 맞는 모습이
보기 좋은 걸!

고객 만족도가 높은 매장은 직원들 간에 '암묵의 연계'가 잘 되어 있습니다. 앞서 이야기한 '메아리'도 이런 암묵의 연계 중 하나입니다. 매장 운영에 있어서는 메아리 이외에도 몇 가지 연계가 더 필요합니다. 또한 점장이 하나부터 열까지 지시를 내리는 것이 아니므로, 팀원이 각자 자신의 역할을 이해해야만 암묵의 연계가 가능해집니다.

고객이 매장에 들어왔다가 나가는 일련의 프로세스에서 각각의 직원이 마치 물 흐르듯 토스를 하며 일을 이어받으면, 고객은 레일 위를 미끄러지듯 달려가는 편안하고 안락한 열차에 올라탄 것처럼 편안함을 느낍니다.

반면 이 프로세스에 속한 직원 간의 연계가 여의치 않고 삐걱대면 고객 역시 그 불편한 승차감을 고스란히 느끼게 됩니다.

대부분의 매장에서 직원의 역할이 분담되어 있긴 하지만, '이 매장 서비스는 별로네.'라고 느껴지는 매장일수록 유독 직원들이 자기에게 맡겨진 매우 한정된 역할 외에는 눈길을 돌리지 않는다는 걸 알 수 있습니다. 다른 직원이 도와줘야 하는 상황인데도, 그 직원을 부르거나 상황을 설명하고 도움을 청하지 않으면 알아차리지 못합니다.

직원들이 맡은 일이 완전히 분리되어 있어 도무지 연계라는 게 존재하지 않습니다. 같은 매장에서 일하는 직원인데도 마치 전혀 모르는 사람처럼 보입니다. 같은 공간 안에 있는데도 커뮤니케이션이 전혀 되지 않습니다. 이런 매장에서 연계가 제대로 되지 않는 것은 당연한 일입니다.

간단히 말해 '연계'라고 통칭하지만, 경우의 수는 많습니다. 예를 들어 "조금 전에 엄청 화가 난 고객이 왔었어." 하고 다른 직원에게 알려주는 것도 일종의 연계입니다. 한 명이 접시를 정리하면 다른 직원이 테이블을 닦는 등 한 가지 일을 나누어 하는 것도 연계입니다. 이런 연계가 암묵적으로 이루어진다면, 즉 "이것 좀 같이 해줘요." 하고 굳이 말하지 않아도 다른 직원이 다가와 돕는 관계가 정착된다면 서비스의 질은 크게 향상될 것입니다.

한 빵집에서 케이크를 주문했습니다. '치즈 케이크 다섯 개, 쇼트케이크 세 개 포장'이라는 주문 소리를 듣고 곧바로 다른 직원이 다가와 포장 준비를 해줍니다. 서둘러 상자를 만들어서 케이크를 담습니다. 그 사이 주문을 받은 직원은 계산을 해줍니다. 이 둘의 움직임은 너무나도 자연스럽고 신속했습니다. 저는 그 장면을 보고 아무 말 없이 자연스럽게 연계가 이루어지는 팀워크에 감동받았습니다.

'바쁠 때 누군가 다가와 도움을 준다.' 이 암묵적인 지원은 매우 아름다운 행위입니다. 때로 관리를 엄격히 하는 기업에서는 일부러 말소리를 내서 행동을 딱딱 맞추도록 하는 경우도 있습니다. 하지만 일일이 말하지 않아도 상황을 파악하고 도와주는 쪽이 훨씬 더 질높은 팀워크라고 할 수 있습니다.

'진심이 통하는 대응'이 잘되는 직원일수록 일련의 모든 일을 파악하고 행동하는 능력이 뛰어납니다. '진심이 통하는 대응'에는 두 가지가 있습니다.

하나는 고객과 직접 접촉하는 부분에서 드러나는 진심입니다. 즉 고객이 원하는 것을 얼마나 빨리 파악하여 만족시킬 것인가 하는 것입니다.

또 하나는 함께 일하는 팀원에 대한 진심입니다. 직원들끼리 서로의 행동을 파악하고 서로 도와줍니다. 이것은 곧 고객에게 제공되는 서비스로 이어집니다. 빵집 사례에서도 보았듯이 혼자 하는 것보다 함께 도와주면, 고객이 기다리는 시간을 단축시킬 수 있어 고객 만족도를 높일 수 있습니다.

이런 암묵적인 연계가 가능하기 위해서는 직원간의 신뢰관계가 매우 중요합니다. 서로의 신뢰를 높이기 위해서는 커뮤니케이션을 빼놓을 수 없습니다. 서로 이야기하며 상황을 알아가야 상대방의 움직임만 보고도 무엇을 원하는지 읽을 수 있게 되기 때문입니다.

아르바이트생, 파트타이머, 직원 할 것 없이 일을 시작하기 전에는 모두 모여 대화를 나누고, 함께 나누는 대화에 대해 소중히 생각해야 합니다. 일과는 관련 없어 보이는 대화라도 실제로 서로의 연계와 신뢰감에 큰 영향을 주게 됩니다.

가끔 보면 맡은 일만 제대로 해낸다면 특별히 직원들 간의 유대 같은 건 필요 없다는 이들도 있습니다. 그러나 늘 고객을 중심으로 움직이는 '진심이 통하는 응대'를 해야 하는 상황, 그것도 팀으로 하는 업무에서 팀원 간의 유대와 소통은 매우 중요합니다. 커뮤니케이션이 활발할수록 서로간의 신뢰가 두터워지고 마침내 말이나 행동으로 표현하지 않아도 느낄 수 있는 팀이 되어 있을 것입니다.

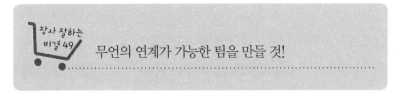

장사 잘하는 비결 49 **무언의 연계가 가능한 팀을 만들 것!**

50
이런 매장에서
일하고 싶다!

'서비스가 좋은 매장은 일하는 직원들의 만족도도 높다.' 이것은 미스터리 쇼핑 조사의 분석 결과일 뿐 아니라, 여타의 연구 결과를 통해서도 명확히 알려진 사실입니다. 고객에게 질 높은 서비스를 제공하기 위해서는 직원들의 만족감을 높이는 것도 중요합니다.

여기서 만족감이라는 것은 구체적으로 무엇을 의미할까요? 저는 '안정감'이라는 말과 상통하는 것이 아닌가 생각합니다. 안정감이 느껴진다는 것은 심리적으로 편안하다는 의미입니다. 그렇다고 편하게 쉬고 있다는 의미는 아닙니다.

돈을 받고 일을 하고 있으니 긴장감을 안고 있는 것은 당연하지만, 어딘지 안정감이 느껴집니다. 다시 말해 육체적으로 힘이 들고 정신적으로 긴장되더라도, 서로에 대한 신뢰가 바탕이 되어 일하는 보람을 느낍니다.

직원들의 만족감이 높을수록 '이 매장에서 계속 일하고 싶다.'는 생각이 강해집니다. 이런 생각을 가진 직원이 많을수록 베테랑 직원의 수는 늘어납니다. 그리고 고객 서비스의 질도 더욱 높아지게 됩니다.

반면에 서비스 질이 낮게 평가된 매장의 직원과 개인 면담을 해 보면 "지금 당장이라도 그만두고 싶다."고 말하는 사람이 많습니다. 직원들의 동기부여 수준도 낮고 불만만 가득 쌓여 있습니다. 이런 직원들에게는 아무리 "열심히 하자."고 외쳐도 절대 마음에 와 닿지 않습니다. 절대 바꾸려 하지 않습니다.

직원들의 만족감을 높이는 데는 다양한 방법들이 있지만, 여기서는 한 소매점에서 실행했던 방법을 소개해 보겠습니다. 이 매장은 직원의 이직률이 매우 높았고 이는 자연스럽게 고객 서비스 저하로 이어졌습니다. 사장은 이에 대해 문제의식을 강하게 느끼고 있었습니다. 우리는 지금 당장 해결해야 한다는 긴박감 아래 3단계 대책을 세우기로 했습니다.

우선 '서로 대화할 수 있는 장소'를 만들었습니다. 직원들과 개인면담을 해 본 결과, 서로에 대한 크고 작은 불만이 많았습니다. 그리고 그중 대부분은 서로 대화만 하면 풀릴 수 있는 것이었습니다. 그런데 함께 모여 이야기할 만한 장소가 없었기 때문에 결국 불만이 그대로 쌓여 있는 상태였습니다. 이를 해결하기 위해 매주 한 번씩 미팅을 갖고 서로 느낀 것을 솔직하게 이야기할 수 있는 자리를 만들었습니다. 미팅이 열리기 전에는 일주일간 일어난 문제나 불만, 요구사항 등을 정리해 점장에게 제시하고 그것을 바탕으로 논의를 진행해나갔습니다. 여기서 중요한 것은 서로 이야기하는 것에 그치지 않고 어떻게 하면 개선할지에 대한 해결책도 도출했다는 것이었습니다.

다음으로 실시한 것은 '톱다운Top Down 대처법'이었습니다. 미팅에서는 직원들 간에 다양한 논의가 오고 가지만 그 중에는 그 자리에서 해결책이 나오지 않는 경우도 많습니다. 또 불만이나 의견이 있어도 그걸 해결하기 위해서 매장 차원의 투자가 필요한 경우도 있습니다. 직원 간의 소통을 장려한다고 해서 무조건 모든 것을 직원들이 서로 의논하고 결정하도록 위임해선 안 됩니다. '우리 매장은 직원 의견을 경청한다.'고 하면서 직원들이 스스로 중요한 일에 대해 결정하고 그에 대한 책임까지 지도록 하는 것은 경영자나 책임자가 스스로의 역할을 방기하는 것에 불과합니다.

그러므로 매장 전체 차원의 중요한 의사결정, 자원이나 비용이 소요되는 의견과 제안을 수용할 것인지, 서로 상반되는 견해가 있을 때 어느 쪽을 택할 것인지는 의사결정자가 신속히 판단해주어야 합니다. 의사결정자가 이런 결정을 빨리 내리지 못하고 우물쭈물하면 그동안 애써 직원 간의 소통을 장려해온 것이 물거품이 되고 맙니다. 또한 직원들이 어떻게 해야 할지 몰라 우왕좌왕 하고 있을 때에도 경영자나 점주가 나서서 교통정리를 해주어야 합니다.

대부분 매장 직원 간의 갈등이 심하고 충돌이 잦은 곳은 과단성 있는 의사결정자가 부재한 경우가 많습니다. 혹은 그 자리에 있는 사람이 여러 이유, 예를 들어 직원들 누구에게도 인심을 잃고 싶지 않다는 등의 이유로 결정하기를 미루는 경우가 많습니다.

중요한 결정은 경영자, 점장, 현장 책임자가 해결책을 생각해 '지시'를 해야 합니다. 예를 들어 한 소매 매장에서는 상품을 운반하는 대차가 작아서 한 번에 옮길 수 있는 양이 한정되어 있다는 문제가 제기되었습니다. 현장 직원들은 상품 진열이 늦다고 불만이 많았지만, 물류 담당자 입장에서는 한정된 장비를 가지고 열심히 일하는 자신의 고충을 몰라주는 게 서운했던 것입니다.

이런 경우에는 대차를 큰 사이즈로 바꾸거나 현재의 진열 속도를 인정하거나 어느 한쪽으로든 빨리 해결책을 만들어 권한 있는 사람이 지시를 내리는 톱다운 대처법을 적용해야 합니다.

마지막으로 '상벌'입니다. 다시 말해 노력한 사람이 보상 받는 구조를 도입한 것입니다. 구체적으로 지금까지 일의 흐름을 데이터베이스화해 명확한 기준을 정하고 평가합니다. 그리고 본인의 노력에 의해 받은 평가가 그대로 성과급에 반영될 수 있도록 했습니다.

이는 '열심히 일하는 것 같지 않은데 인정받는다.', '보이지 않는 노력을 기울이는 데도 외견만 보고 판단해 제대로 된 평가를 받고 있지 못하다.'는 식의 논공행상論功行賞을 둘러싼 불만을 잠재우는 데 효과적인 역할을 했습니다.

매장의 업종, 업태, 직면한 문제점에 따라 대처 방법은 달라질 것입니다. 하지만 가장 중요한 것은 직원이 느끼는 안정감이 높아질수록 고객 서비스의 질도 높아진다는 점입니다. 물론 스스로 의욕을 높이려 노력하는 자세도 중요합니다. 하지만 주변 직원들과 함께 의욕을 높여 나간다면 매장의 매력을 더욱 어필할 수 있습니다.

장사 잘하는
비결 50

직원 모두가 활기 넘치게 일할 수 있는
팀을 만들 것!

구글이 의사결정을 내릴 때 근거로 삼는
'혁신의 8가지 원칙'

1. 의미 있는 사명(mission)을 품는다.

2. 크게 생각하되 작게 시작한다.

3. 한 번에 완성보다 지속적으로 혁신을 추구한다.

4. 모든 것을 공유한다.

5. 어디에서든 아이디어를 찾는다.

6. 상상력으로 불을 붙이고, 데이터로 연료를 삼는다.

7. 플랫폼(누구든, 무엇이든 담을 수 있는 바탕)이 된다.

8. 실패하되 실패하지 않는다.

Appendix

/

매장 서비스를 바꾸는
7일간의 기적

/

다음 내용은 책 전반에서 말한 것을 개개인이 체크하고 실천할 수 있도록 구체적인 가이드로 만든 것입니다. 물론 열렬 독자라면, 자신만의 스토리 노트와 상품 지식 노트, 고객별 메모장 등 다양한 도구를 활용해 '매출을 높이고 손님을 끄는' 실천을 해나가실 것이라 기대합니다.

하지만 먼저 여기 정리한 대로 나의 '지금 현재' 그리고 '앞으로 나아가고 싶은 방향'을 측정해 보고 더욱 구체적인 계획을 세워본다면, 책을 읽는 것에 그치지 않고 꾸준히 실천해나가는 데 도움이 될 것입니다. 또한 실천을 해나가다 다시금 초심을 잃거나 혼란스러워졌을 때, 다시금 책의 해당 내용을 찾아보고 동력을 찾도록 도와줄 수도 있을 것입니다.

기초적인 고객 응대 서비스 점검하기

▶15도 인사법을 지키고 있는가?

휴대전화 동영상 등으로 제3자가 촬영한 것을 보고 인사법의 문제점을 파악해 보고, 거울 앞에서 연습하는 등 몸에 배도록 한다(본문 42쪽 6번 참조).

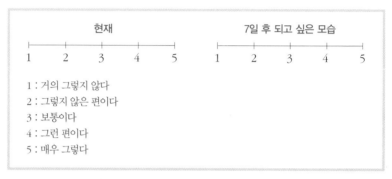

▶환영 인사와 감사 인사를 잘하고 있는가?

고객에게 환영 인사를 건넬 때, 돌아가는 고객에게 감사 인사를 건넬 때에는, 3초 간 여운을 남기며 동작을 멈추고 고객을 주시하며 인사에 집중한다(본문 46쪽 7번 참조).

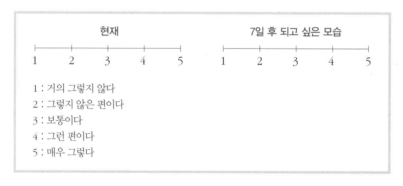

▶미소로 고객을 맞고 있는가?

지금부터라도 웃는 얼굴을 연습하자. 3일 동안만 얼굴에 쥐가 나도록 연습하면, 자연스럽고 마음에서 우러나오는 미소를 지을 수 있다(본문 140쪽 26번 참조).

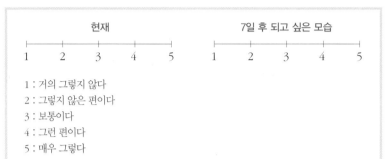

▶바른 자세로 고객을 응대하고 있는가?

고객을 응대할 때에는 등과 허리를 똑바로 편 바른 자세를 취한다. 이는 자신감을 나타내기도 한다(본문 145쪽 27번 참조).

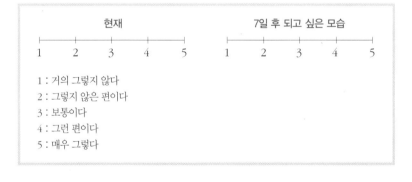

▶눈을 바라보며 고객을 응대하고 있는가?

고객과 대화를 나눌 때는 아이 컨택eye contact을 한다. 단, 이때 시선은
좌우 180도를 포괄하는 부드러운 시선이어야 한다(본문 149쪽 28번 참조).

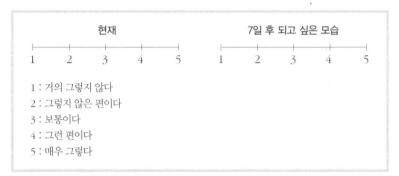

▶고객을 정중하게 배웅하고 있는가?

가급적이면 출구(짐이 많다면 차량까지)까지 고객을 배웅하며 인사하자.
특히 고급 제품이나 서비스를 취급하는 매장이라면 이는 매우 필수적이
다(본문 50쪽 8번 참조).

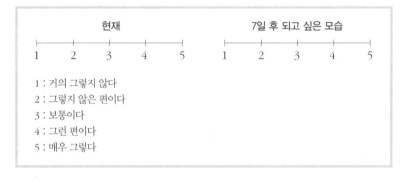

▶5회의 감사 인사를 실천하고 있는가?

고객이 들어올 때, 안내할 때, 주문을 받을 때, 계산을 할 때, 배웅 인사를 할 때 등 조금씩 변형을 준 친절한 표현으로 감사를 전해 보자. 고객은 5회 정도의 감사 인사를 받아야 비로소 상대가 정중하다고 느낀다고 한다(본문 63쪽 10번 참조).

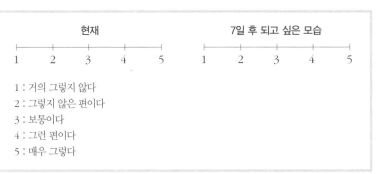

▶천편일률적인 대응이 아니라, 고객의 상황에 맞는 대응을 하고 있는가?

고객이 매장에 들어서는 순간, 우선적으로 그가 '패스트 타입(급한 성격이나 상황)'인지 '슬로우 타입(느긋한 성격이나 상황)'인지 구분해서 그에 맞춰 응대한다(본문 67쪽 11번 참조).

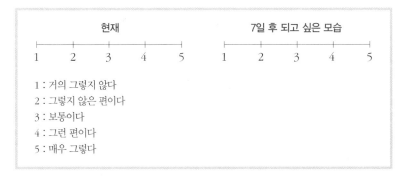

▶바빠 허둥대거나 할 일 없어 빈둥대는 모습을 고객에게 보여주지 않으려 노력하는가?

고객이 보는 앞에서는 여유 있고 정중하게, 고객이 보지 않는 곳에서는 재빠르고 민첩하게 행동한다. 여유시간이 생기면 나중에 바쁠 때를 대비해 준비를 해둔다(본문 206쪽 40번 참조).

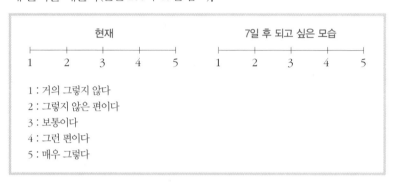

▶제품을 건넬 때, 계산 후 등 소홀하기 쉬운 마지막 순간에 웃는 얼굴로 감사 인사를 건네고 있는가?

고객이 제품 혹은 서비스를 구매한 후, 최종적으로 마음을 담아 웃는 얼굴로 인사를 해야 한다. 대부분 매장은 구매 후 응대에 소홀하기 때문이다. 고객을 배려하는 사려 깊은 인사말을 덧붙인다면 더욱 좋을 것이다(본문 96쪽 17번 참조).

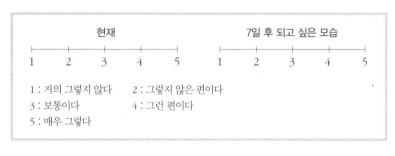

한 단계 높은 고객 서비스를 위한 변화

▶**고객이 불편해 하는 순간, 잘 설명해드리고 필요하다면 동행하는 등의 서비스를 실천하고 있는가?**

장소를 안내할 때, 제품을 안내할 때에는 반드시 고객과 동행하거나 충분히 인지할 수 있도록 설명한다(본문 23쪽 2번 참조).

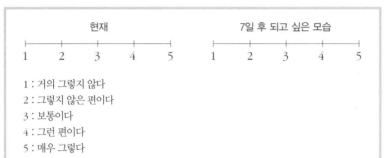

▶**제품을 가리키거나 주의사항을 설명할 때 적절하게 손을 이용한 제스처를 쓰는가?**

고객을 안내할 때에는 손을 이용한 제스처를 적절히 사용한다. 가장 중요한 손 제스처 타이밍은 '제품'을 가리킬 때다(본문 28쪽 3번 참조).

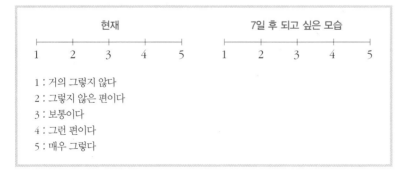

▶ 첫 3분 안에 무엇이든 제공한다는 원칙을 지키고 있는가?

고객이 매장에 들어선 첫 3분 안에 무엇이든 먼저 제공하라. 요식업이라면 전채용 음식을, 소매점이라면 질문 등의 응대를 함으로써 고객의 필요를 관찰한다(본문 33쪽 4번 참조).

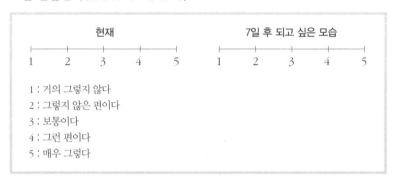

▶ 고객의 질문에 적절히 그리고 신속하게 응대하고 있는가?

고객의 질문은 캐치볼과도 같다. 무조건 받도록 노력한다. 때로 폭투가 들어오더라도 어떤 식으로든 받아 내거나 땅에 떨어진 공이라도 재빨리 주워 건네야 한다(본문 37쪽 5번 참조).

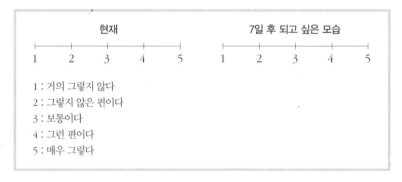

▶단골고객이나 몇 번 방문한 고객의 달라진 모습을 포착해 대화의 주제로 삼고 있는가?

고객의 색다른 모습, 달라진 모습, 심적인 변화 등을 포착해 효과적인 대화 소재로 삼자. 사람들은 누군가가 자신에게 관심을 가질 때 적극적으로 변한다. 단, 긍정적인 소재와 표현을 잊지 말고, 질문이 향하는 대상은 고객을 향하도록 주의한다(본문 76쪽 13번 참조).

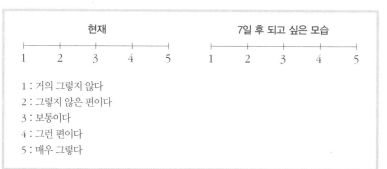

▶고객의 말을 잘 경청하는가?

고객의 말을 잘 경청하되 호응, 맞장구, 미러링mirroring을 통해 잘 듣고 있음을 적극적으로 표현한다(본문 91쪽 16번 참조).

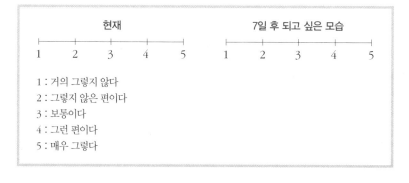

▶고객에게 맞춰 대화를 이어나가고 있는가?

고객을 내 기준, 나의 잣대로 판단해 무례하거나 불성실하게 응대한 적은 없었을까? 고객의 말을 부정하거나 판단하려 하지 말고, 일단 수용하고 긍정적으로 답하도록 노력한다.

'당신에겐 우리 매장이 안 어울려.', '당신의 수입 수준으로는 이걸 살수 없어.', '아무것도 모르니까 내가 안내하는 대로 할 수밖에 없을 걸?' 하는 뉘앙스의 말은 금하도록 한다(본문 86쪽 15번 참조).

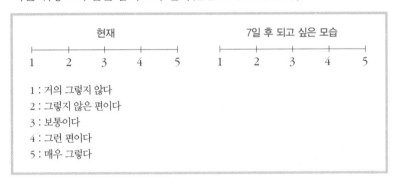

남보다 더 먼저 발전하는 나를 만드는 습관

- ▶경험이 많지 않은 직원, 신입직원이라면 예습에 시간을 투자하자(본문 158쪽 30번 참조).
- ▶나만의 '스토리 노트'를 만들자(본문 104쪽 18번 참조).
- ▶메모하는 습관을 키우자(본문 109쪽 19번 참조).
- ▶나만의 '상품 지식 노트'를 만들자(본문 113쪽 20번 참조).

▶ 고객에게 나만이 제공할 수 있는 편의, 힌트, 노하우를 만들자(본문 117쪽 21번 참조).

▶ 재미있는 화제, 흥미로운 제품 이야기로 고객이 머물고 싶어 하는 매장을 만들자(본문 120쪽 22번 참조).

▶ 업무 모드로 재빨리 돌입하는 나만의 '후크hook'를 만들자(본문 161쪽 31번 참조).

▶ 되고 싶은 롤 모델role-model을 따라 잡아보자(본문 165쪽 32번 참조).

매출을 높이고 손님을 끌어 모으는 매장 만들기

▶ 서비스의 허점 잡기

각자 자기 일에 몰두한 나머지 정작 고객이 필요로 하는 순간에 적절히 대응하지 못하지는 않는가? 직원 각자 매 시간 정해진 타이밍에 정해진 포스트에 10초간 머물며 매장 전체를 둘러보게 한다(본문 18쪽 1번 참조).

• 목　　적 : 어떤 경우가 많을까요?

• 개 시 일 :

• 역할분담 : 성명 / 시각 / 위치

• 개선 경과 :

▶어색한 매뉴얼 식 말투 고치기

우리 매장에서 고객을 응대할 때, 가장 어색한 어투는 무엇이 있을까?

- 경어를 제대로 사용하고 있는가?

- 물건이나 제품에 경어를 붙이지 않는가?

  (이 제품은 ○○○ 되시고요)

- 거스름돈에 경어를 붙이지 않는가?

  (잔돈 ○○○원 되십니다)

- 지나친 경어나 잘못된 어법으로 반감을 사진 않는가?

  (잠시 기다리실게요 / 그건 불가하시고요)

- 헷갈리거나 어색한 표현으로 무엇이 더 있는가?

[잘못 사용한 예]	[어떻게 바꿀까?]

▶고객을 불편하게 만들 수 있는 매뉴얼 지침 현실화하기

매뉴얼에 정해진 것이 있다고 하더라도, 고객이 처한 상황에 따라 적절히 변주하는 것이 필요하다. 당신의 매장에서 그런 변형이 필요한 매뉴얼 상의 원칙으로 무엇이 있을까(본문 71쪽 12번 참조)?

_____

_____

_____

▶명함의 효과를 백배 활용하기

매장의 특색을 살린 재미있는 명함, 절대 버릴 수 없을 만큼 톡톡 튀는 아이디어가 담긴 명함, 직원 개개인의 특징을 살린 명함으로 어필하자 (본문 58쪽 9번 참조).

• 목　　　적 : 명함을 통해 어떤 효과를 얻고자 하는가?

_____

• 개　시　일 :
• 별명짓기 : 성명 / 별명

_____

• 개선 경과 :

▶숨어 있는 서비스의 빈틈 공략하기

'고급 레스토랑에서 가방 놓을 곳이 없는 것'처럼 고객이 불편해 하거나 필요로 하는데도, 정작 우리 매장에서는 신경 쓰고 있지 않은 요소가 무엇이 있을까(본문 81쪽 14번 참조)?

▶고객을 거슬리게 하거나 불편하게 만드는 잘못된 화법 고치기

팔려는 욕심에 손님을 꾸짖는 듯 훈계하거나, 타 상품이나 서비스를 깎아내리며 내 것을 돋보이게 하려 하는 등의 화법은 전형적으로 고객의 심기를 건드리는 대화법이다. 나도 그런 표현을 쓴 적이 있지 않을까?

▶우리 매장에 적용할 수 있는 '정도를 지키는 권유의 기술'

① 고객이 필요로 하는 것을 솔직히 권한다.

② 오늘 꼭 구매하면 좋을 것(혜택 등), 고객에게 정말 적합하다고 생각되는 베스트는 확신 있게 권한다.

③ 매출을 높이려고 이것저것 권하는 것은 피한다.

④ 어울리지 않거나 불필요한 것, 지나치게 여러 가지를 구매하려 할 때에는 솔직히 조언한다.

⑤ 고가의 제품이나 선택의 기로에 놓인 고객에게는 세 가지 정도의 옵션과 이유를 제시한다.

▶ **직원 미팅 때 함께 토론하고 대화해야 할 주제**

- 우리 매장의 '목표'는 무엇인가(본문 170쪽 33번 참조)?
- 우리 매장이 공유하는 단 하나의 키워드는 무엇인가(본문 222쪽 43번 참조)?
- 우리 매장의 크레도Credo는 무엇으로 할 것인가(본문 226쪽 44번 참조)?
- 우리는 어떤 직원들과 일하고 싶은가? – 채용의 기준(본문 231쪽 45번 참조)
- 매장에서 고객과 나눌 만한 흥미로운 대화 내용 – 새로운 지식과 정보(본문 120쪽 22번 참조)
- 고객의 소리 듣기 – 불만, 클레임, 제안, 평가 경청하는 법(본문 178쪽 34번 참조)
- 고객이 불만을 품는 특정 정책을 고수할 것인가 변경할 것인가(본문 210쪽 41번 참조)?
- (비용 절감, 직원 편의성, 자사 정책 등) 여러 이유로 고객에게 직접적으로 피해가 가는 서비스 질 하락이 생겨나고 있지 않은가? 우리 매장에 존재하는 갭gab은 무엇이며 어떻게 메울 것인가(본문 184쪽 35번 참조)?
- 혹시 현재 우리 매장에 깨진 유리창은 없는가(본문 189쪽 36번 참조)?

- 성과는 포상하고 실수는 개선하도록 실천 계획을 세우게 한다(본문 251쪽 50번 참조).

▶자사의 실수로 인한 클레임에 대처하는 압축사고법

① 고객이 원하는 것을 빨리, 더 만족스럽게 제공한다(더 많은 것을, 더 좋은 것을, 최대한 빨리 등).

② 상상한 것보다 더 감동적으로 제공한다(높은 직급의 사람이, 더 정중하게 등).

③ 전후사정을 파악한 후, 고객에게 문제의 원인과 앞으로의 대응 계획을 상세히 설명한다.

④ 클레임은 그 자체로 더 큰 위기를 방지할 수 있는 계기가 되므로, 이에 대해서는 원가나 수고를 따지지 않는다(202쪽 39번 참조).

▶위기 상황에 대비한 체크리스트 만들기

- 우리 매장에서 생겨날 수 있는 위기 상황을 리스트 업list-up 한다.
- 해당 위기 상황에 대처 방법을 토론한다.
- 각각의 상황에 대한 체크리스트를 만든다(그림이나 사진으로 보기 쉽게 작성한다).
- 프린트해서 파일 철을 하거나, 휴대전화, 컴퓨터 등으로 공유한다.

  *특히 아이가 포함된 안전사고에 대해서는 정확히 체크리스트를 작성하고 평소에도 염두에 두도록 교육한다(본문 193~201쪽 참조).